瑜道佛

《貳》

長生祕法・養身之道・修煉法門

⊙ 繼第一冊後，更深入探討瑜伽、道家、佛與炁之間的相互關係，以及修煉方式。

⊙ 深入淺出，搭配精緻彩色圖解，簡明易懂。

⊙ 以實證佐以古今中外文獻，並從科學角度探討修煉功法。

黃思賢 著

Shi Yin Wong

悟

　　人體是進化而來，靠天地的精華，沒有意識的進化，修煉則是有意識的進化，是改變身體的化學作用；又從化學系統而變為生物電磁場系統。所以有光、有訊息等等，而人體又增加液體水晶的成分。新陳代謝減低，又以食素為主。最後天人合一。

葛洪 Ger Hung（西元前二八三～三六三）

　　「服藥雖為長生之本，若能兼行炁得，其益甚速，若不能得藥，但行炁而盡其理，亦得數百歲，<u>然人能洞曉陰陽深明造化</u>，夫人在炁中，炁在人中，自天地至萬物，無不須炁以生者也，善行炁者，內以養生，外以却惡，然百姓日用而不知焉！」

　　註：上文出自《抱朴子》，為東晉葛洪所著。紅色底線一句為本書作者所加。

4

自序

　　我的前半生有歡有愁，童年生長在中國的農村，因為家境問題，轉換了無數次中小學，所以有關中國文化、中國語文的根基都打得不好。後來到了香港，入讀皇仁書院兩年，之後移居美國。

　　一九五八年十二月我抵達美國加利福尼亞州，從一九五九年至今定居洛杉磯。

　　一九六〇入讀美國加州大學（UCLA），一九六四年得到學士學位，一九六八年取得南加州大學（USC）博士學位，一九六八到一九六九年在加州大學（UCLA）做博士後研究，一九七六年又取得加州大學（UCLA）醫學博士學位。

　　從一九六二年到一九八四年，我從事多項研究。從光學到激光，從液晶到平面電視，從光導纖維到導纖維武器，後來又進行超導（電）性的研究。

　　一九七八年我開始在洛杉磯市行醫，並兼任醫院和保健公司的管理工作。本著行醫濟世、回饋社會的宗旨，數年前在中國上海開設中美合資醫院。

　　一九六七年與鄭氏結婚，育有一子一女，可惜鄭氏不幸在一九九三年逝世。現在與林女士共諧連理，生活美滿，事業亦算順利，步入人生第二個階段。

　　數十年愧無大成，近二十年來對研究怎甚感興趣，可惜時間、財力皆有限，學識亦不足，致常有事倍功半之感。幸勇於鑽研、廣讀有關書籍，惟欠名師指引矣。十多年來，可幸認識不少朋友，增廣見識，補我之不逮，於集思深研下，遂而完成這本書。

　　前半生略有小成，當感謝已故的皇考及年逾九十歲之萱堂。更感謝良伴林慧華，沒有其支持和鼓勵，實難有現時的成就。當然一對兒女的關愛，也給了我精神上的支持。

　　本書引用的資料，部分摘自其他文獻，於此請有關作者見諒。書中內容僅供參考和討論，至於對書中章節或理論使用，恕本人不負法律責任。

　　特別鳴謝霍敏儀小姐和蔡雪晶小姐，感謝她們在編寫本書期間的協助和陳子謙先生的美麗插圖。

黃思賢　謹識　二〇一四年元月

contents

自序　5

前言　8

第一章　瑜伽修煉

1-1　河圖、洛書與人體之關係　10

1-2　洛書和神經系統　13

1-3　河圖和神經系統　14

1-4　拙火四輪和神經系統　15

1-5　昆達利尼六輪　17

第二章　道家內丹修煉

2-1　內景圖瑣談　24

2-2　修真圖瑣談　26

2-3　內景圖和修真圖異同　28

2-4　「中、黃、督、脊、辨」之我見　32

2-5　中黃督脊瑣談──夾脊和黃道　39

2-6　老子《道德經》局部圖解　44

2-7　莊子〈大宗師〉局部圖解　47

2-8　《金丹四百字》　48

2-9　黃庭、命門與靈根　50

2-10　黃庭三經之《中景經》　　　　　　　　54

2-11　《內景經‧仙人章》圖解瑣談　　　60

2-12　《敲爻歌》瑣談　　　　　　　　　　65

2-13　《入藥鏡》瑣談　　　　　　　　　　68

2-14　《參同契》二所或一所　　　　　　　72

2-15　戊己之功——《參同契》《悟真篇》　75

2-16　刀圭　　　　　　　　　　　　　　　78

2-17　《參同契》規中　　　　　　　　　　82

2-18　玄牝命門再述　　　　　　　　　　　88

2-19　《參同契》偃月爐　　　　　　　　　95

2-20　炁穴與華池　　　　　　　　　　　　97

2-21　《參同契》的〈鼎器歌〉瑣談　　　102

contents

第三章　佛與炁

3-1　卍（萬字）與炁　　　　　　　　　　110

3-2　肉髻、髮髻、寶髻和螺髮　　　　　　115

3-3　佛陀的腳印　　　　　　　　　　　　124

3-4　手印、咒與炁　　　　　　　　　　　130

3-5　南無阿彌陀佛與炁輪　　　　　　　　132

3-6　唵（嗡）嘛呢叭咪吽與炁輪　　　　　134

3-7　唵阿吽（金剛誦）與炁脈　　　　　　136

3-8　水晶、人體與炁　　　　　　　　　　138

3-9　水晶與咒語　　　　　　　　　　　　143

3-10　佛和尊者、舍利與炁　　　　　　　　145

前言

　　一本好書不僅要有前人的智慧和經驗，還要有作者個人的學養和創見。

　　本書綜合數本天書，如能明白其中玄機，不但可以改變個人的健康和命運，更可以得到無限的智慧。

　　電訊的發達帶來人類訊息的改變。網路未普及時，我們往往要花很長的時間和很大的氣力去尋找資料，現時網路日益普及，快者可以在一、兩分鐘內找到所需的資料，著書方式於是亦隨之改變，以前著書可以長篇大論，現在則要求精簡明快。

　　本書精簡扼要介紹古今以炁為主的修煉方法，並將瑜伽和道家功法一起討論。

　　直至今時今日，人類仍在尋求長生之術。隨著科技進步，社會保健衛生大大改善，人類壽命已越來越長。現時在美國，八、九十歲的長者比比皆是。現時人類在健康長壽方面的研究，已由藥物轉移到幹細胞和基因。目前人類對長生的研究著重在運動和藥物（包括健康食品）方面，藥物即是古人所說的外丹。

　　究竟練炁（內丹）、佛或瑜伽（PRANA）是否有助長壽？可不可以改變細胞呢？

　　漢魏伯陽《周易參同契》說：「還丹可入口……。術士服食之，壽命得長久……。熏蒸達四肢，顏色悅澤好，髮白皆變黑，齒落生舊所，老翁復丁壯，耆嫗成姹女，改形免世厄，號之曰真人。」可見修煉內丹可以長壽，可以改變細胞，但與幹細胞有沒有關係呢？目前個人對瑜伽研究尚淺，但據文獻所之，瑜伽修行者亦很長壽。

　　據兩千年《黃帝內經》的記載，古人對養生和長壽已有很卓越的認識。本書著重對炁（氣）脈的敘述和研究，希望將來能有更多人加入修煉，那就可以驗證前人所言述的是真是假。

　　另外，此書所載大部分是作者本身修煉得來的經驗和實踐的結果，跟目前坊間所見相類似書籍大多以模仿或抄寫別書，以致錯漏百出的情況有所不同。

　　最後，如果讀者能融會貫通本書，對讀者的修煉和古書暗語的指示應會明白易如反掌。

　　本書是以健康為宗旨，所以注重練炁，而會忽略煉丹，再者，所有圖解或某經書局部圖解都是以炁為主，更著重炁對人體生理平衡的重要。

第一章　瑜伽修煉

1-1 河圖、洛書與人體之關係

　　本章對古典文獻「河圖」和「洛書」的千古之謎作出新解釋，古人認為中國的易經、風水與八卦都出自河圖、洛書，有人認為它們是天書。

　　我們用笛卡爾座標來表示立體的形狀，洛書（龜）是X-Y的平面，而河圖（龍馬）是X-Z的縱切面。在瑜伽方面的七輪，每一個輪是Z-Y的橫切面。以上三者與人體有關。（圖1-1-1）

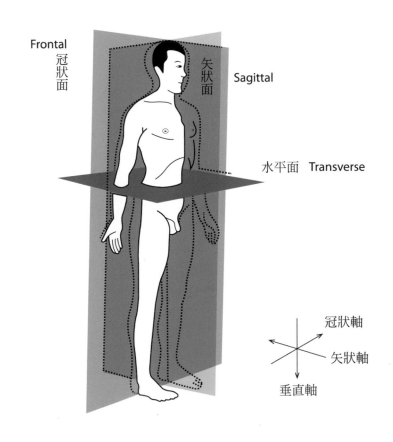

圖1-1-1　人體的軸和面

　　河圖和洛書上的數字是代表身體內部的炁聚點，而這些聚點與神經系統有連帶關係，又和五行八卦有直接的關係。本章更提及中脈的位置，各家不同的修煉，可以產生不同中脈和輔屬的輪。

　　洛書是夏禹治水時，見一龍龜從洛水游上岸來，龜背有圖紋啟發了夏禹治水的

方法，所以有人認為洛書是地球的縮影。

河圖演變成龍馬圖和洛書演變成龜書圖，其年代已不詳，大概是宋朝的事。

中國古代文獻很喜歡用暗語和比喻，尤其是道家內丹術常用龍虎鉛汞等等術語來代表修煉時出現某種現象。那麼如果龍馬圖和龜書圖是代表人的身體又作何解釋呢？我們可以用笛卡爾座標來解答，從圖1-1-5可看到龜書圖是X-Y平面與人體X-Y平面是相同的，而龍馬圖的X-Z座標是和人體的縱切面X-Z座標是一樣的。所以以上可證明龍馬圖和龜書圖是古人特意地用這兩個圖來代表人身體的平面和縱切面。

瑜伽的七輪每一個都有一定的數字，就等於橫切面Y-Z的座標。我們以前已詳細討論過，河圖、洛書瑜伽脈輪等都和神經系統有關。

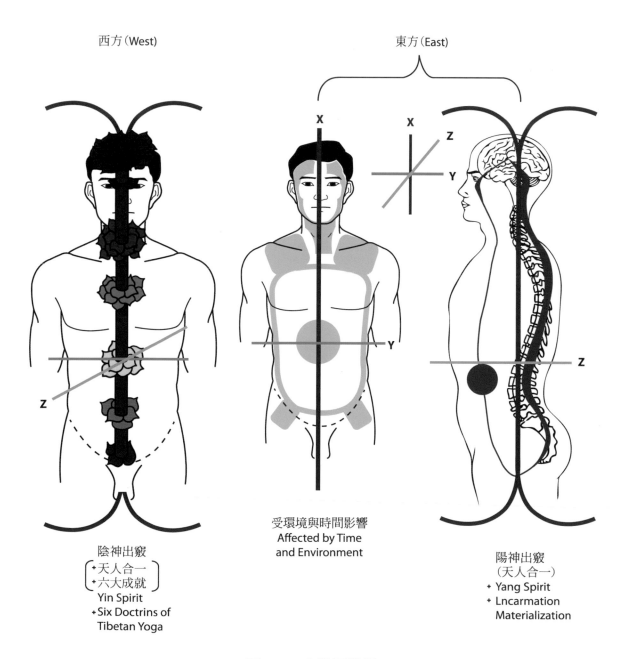

圖1-1-2 人體電磁場

11

圖1-1-3 龍馬圖（河圖）

圖1-1-4 龜書圖（洛書）

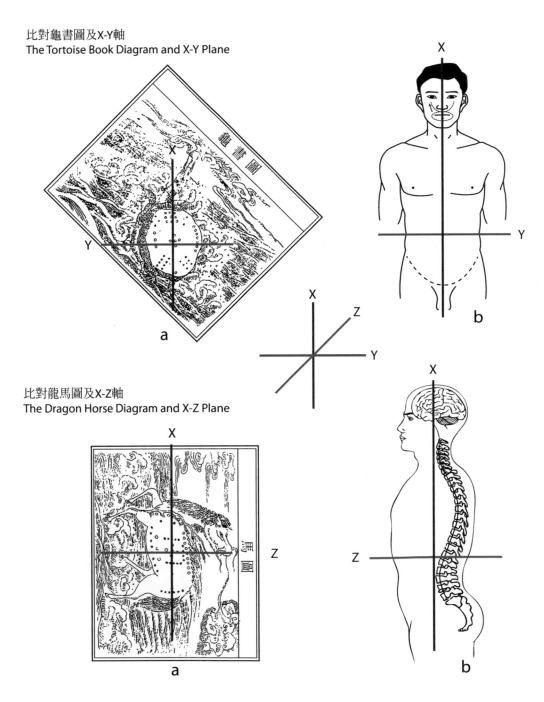

比對龜書圖及X-Y軸
The Tortoise Book Diagram and X-Y Plane

比對龍馬圖及X-Z軸
The Dragon Horse Diagram and X-Z Plane

圖1-1-5 龜書圖、龍馬圖與人體座標

1-2 洛書和神經系統

1.奇數神經節。

2.星狀神經節。

3.三個臟腑和迷走神經——心、肺、腎有關。

4.星狀神經節和心叢。

5.T11-L3，丹田是（5）或胰（5）。

6.骶神經2、3和4。

7.七個臟腑和迷走神經纖維——肺、肝、膽、胃、大腸、小腸、腎有關。

8.骶神經2、3和4加腸系膜下神經節（2）。

9.食管叢、氣管叢和七個頸椎神經線。

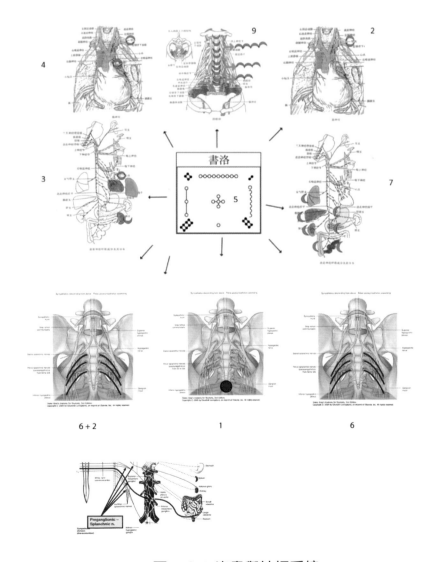

圖 1-2-1 洛書與神經系統

1-3 河圖和神經系統

1.奇數神經節。

2.食管叢和氣管叢。

3.三焦或副交感神經（心、腹和盆部）。

4.心深叢，腹腔神經節，腸系膜上神經節，腸系膜下神經節。

5.T1到L3的交感神經共十五條，是不是因應河圖呢？

6.第一至第五骶神經和尾神經。

7.七個頸椎神經C1-C7。

8.八個臟腑或迷走神經。

9.由C8到L5共十八條神經，半數是九。

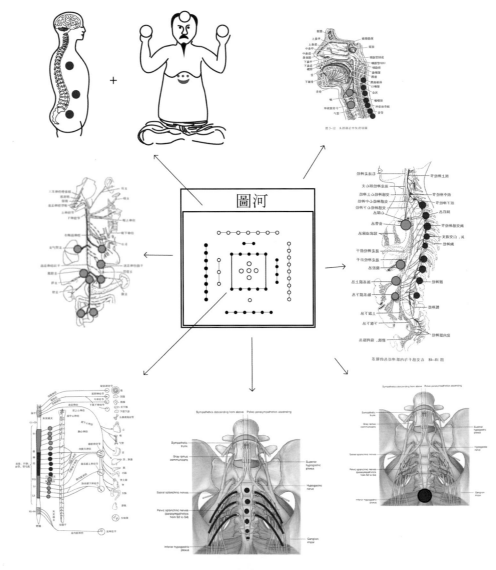

圖 1-3-1 洛書與神經系統

1-4 拙火四輪和神經系統

大樂輪（32）

我們已認定脊神經有三十二雙，分左右共六十四枝。但在脊神經的上端，而在椎體的交叉處，不分左右，所以六十四枝神經變為三十二之數，這不是伏羲六十四卦次序嗎？

喉輪（16）

以前我們已討論過喉輪，喉輪是由第一頸神經至第八頸神經。

註：參看伊文斯的《六成就法》一書。這裡在脊髓的烝是聚在前面。

心輪（8）

心的神經由T1-T4左右神經幹供給，所以共八枝。

臍輪（64）

脊髓有三十一雙（左、右）神經，共六十二枝，中國易經是六十四數，兩者之間欠二數。

臍輪是在腰椎骨L2-L3之間，這亦是馬尾（脊髓）和終絲（脊髓）的位置，馬尾有三十一雙神經，而終絲有一雙神經（Coccygeal nerve第二尾神經），所以共六十四枝，這不是易經六十四數嗎？

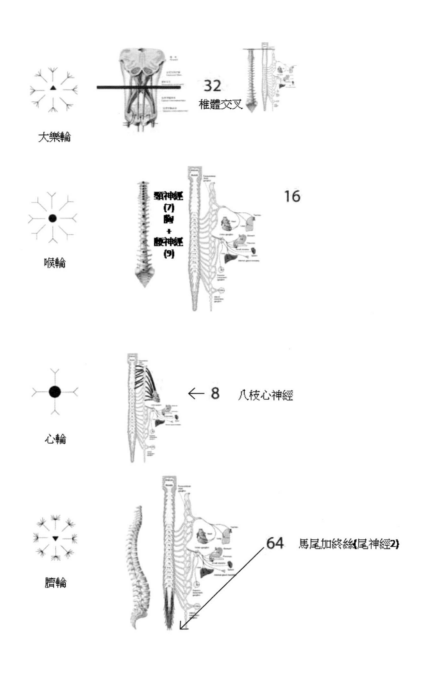

圖1-4-1拙火四輪和神經系統

1-5 昆達利尼六輪

海底輪

它有四瓣，是由螺旋形狀的炁形成的，其神經是S5和C1。

生殖輪

它有六瓣，是由S2、S3和S4骶神經組成。

臍輪

它有十瓣，是由自主神經的交感幹五組（內臟神經）形成的，就是從T5-T9。

心輪

它共十二瓣，從頸部兩個神經節和神經幹T1-T4組成的。

喉輪

它共有十六瓣，它是由頸脊神經C1-C8共八組組成，所以左右兩邊成十六瓣。

註：這裡的大部分從脊髓後部產生。

眉心輪

它共有兩瓣，分左右，大概在腦部腦下垂之間。

Kundalini Chakras and Body Organs

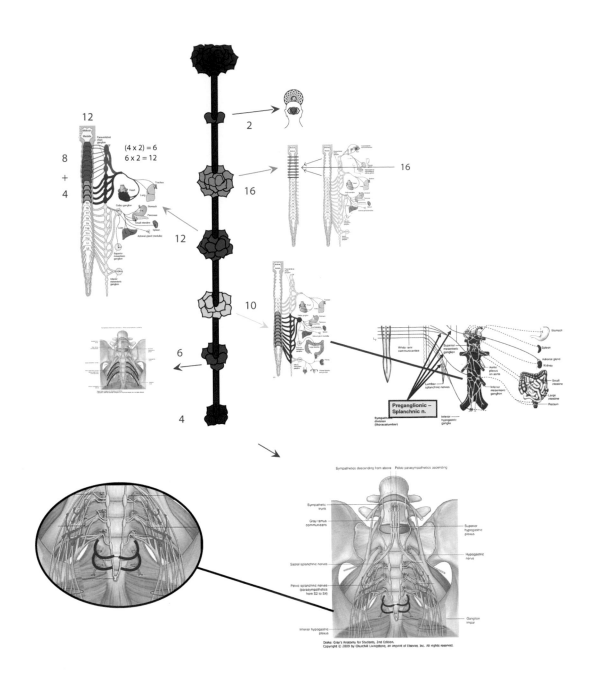

Conceptual Illustration by Tc

圖 1-5-1 瑜伽六（七）輪

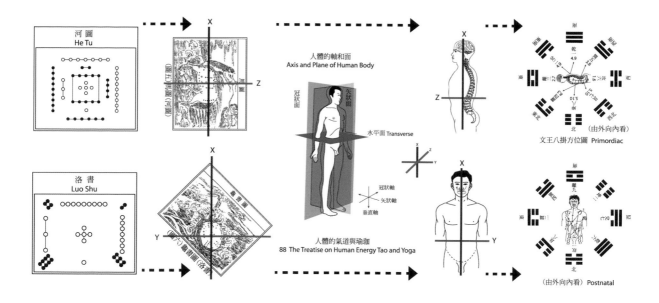

圖1-5-2 河圖、洛書和人體與八卦

河圖、洛書又與先天後天八卦有關。（圖 1-5-2）

又人體的各座標與風水和修煉有關（見圖 1-5-3），如：

1. 矢狀面是人身體前後，後是脊骨，所以是代表任督兩脈，是道家修煉途徑。

2. 冠狀面是人體上下左右的平面，可以用洛書代表，和九宮飛星相互相成，是風水的根據。

3. 水平面是瑜伽輪在人體的位置。

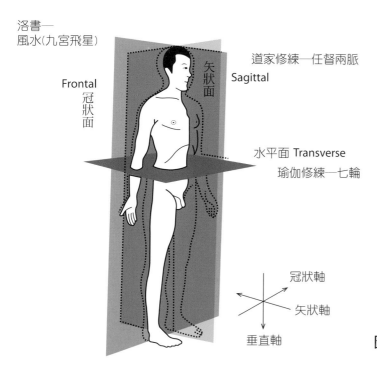

圖1-5-3 笛卡爾座標人體示意圖

瑜伽拙火的四輪和昆達利尼的七輪，和中國古代術數有關，這些推論，我們在以前的論文和書籍已討論過，例如：

1.拙火瑜伽

（1）化身輪（64）和易經64卦不是有相似數目嗎？

（2）法身輪（8）不是和中國八卦數目一樣嗎？

2.昆達利尼瑜伽六輪的瓣總數是50，這不是和中國大衍之數五十有關嗎？（頂輪已出頂，不計入。）

3.昆達利尼瑜伽的心輪（十二瓣）和臍輪（十瓣）與中國天干地支的數目一樣。（這裡所說的數字是朶脈輪的代表）

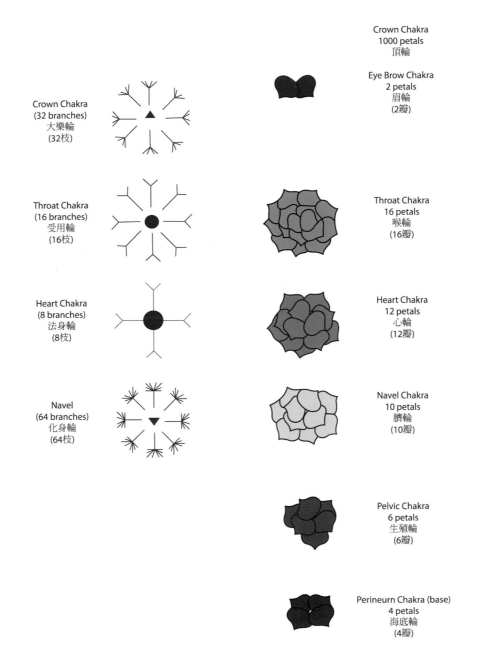

圖 1-5-4 瑜伽輪——拙火和昆達利尼

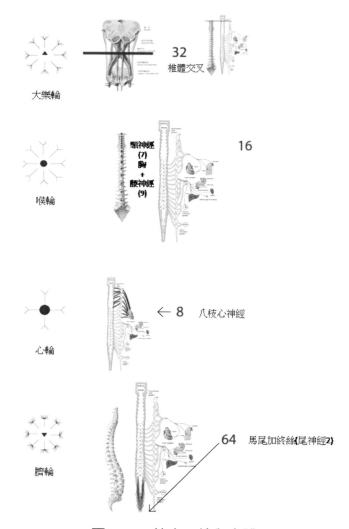

圖 1-5-5 拙火四輪與人體

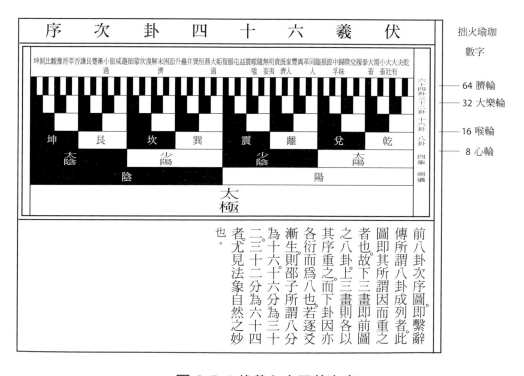

圖 1-5-6 伏羲六十四卦次序

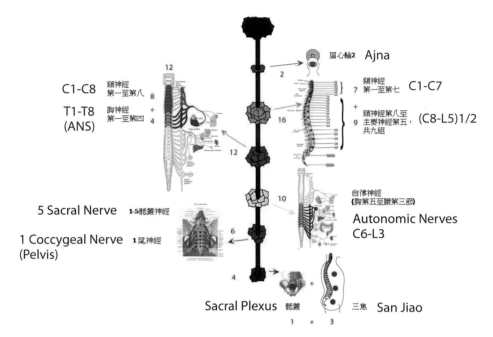

圖 1-5-7 瑜伽六輪的五十瓣和人體的關係

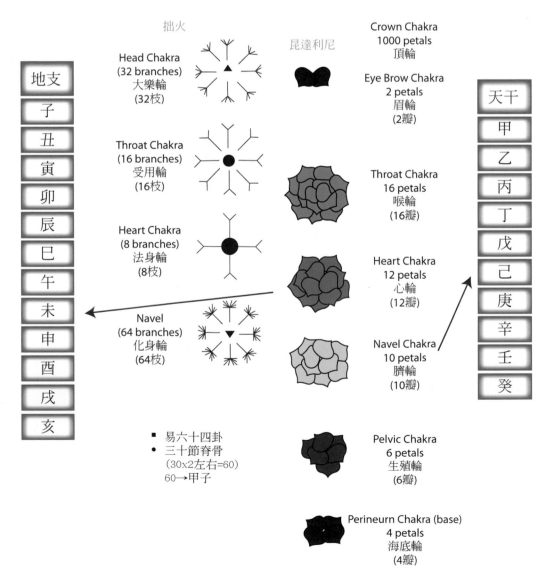

圖 1-5-8 天干、地支、甲子與瑜伽輪

第二章　道家內丹修煉

2-1 內景圖瑣談

　　歷代內丹的修煉，其要旨都藏在《參同契》和《悟真篇》內，後世的書籍都以它們為鑑。《黃庭經》重於炁在各器官內的存在，與後世器官（炁）五行合一有關，而又介紹黃庭與煉丹有密切關係。《入藥鏡》又介紹了上下鵲橋，呂祖的《敲爻歌》和其他又敘述了整個黃庭和黃道對修煉的重要性。

　　煉炁和煉丹是修道必經步驟，在我們修煉過程中，我們認為五行合一（攢簇五行），是煉炁最重要的一程。而黃道合陰陽之炁，是煉丹最重要的過程。如果修煉者能明白「攢簇五行」、「和合四象」和黃道的重要性，修煉者能修煉成功的機率便會很高。

　　圖 2-1-1 之a是內景圖，我們認為各景像是代表心（火）、肝（木）、腎（水）、肺（金）和胰（土），而圖中四太極是在黃庭（或黃道）地帶煉炁（和合四象於土），而能進入正丹田煉丹。

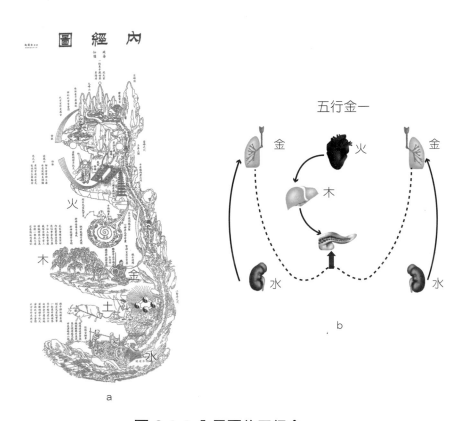

圖 2-1-1 內景圖的五行合一

圖 2-1-2 之a，牛郎織女之間是代表上鵲橋，而陰陽玄踏車地帶是代表下鵲橋。所以上鵲橋是和人體（圖 2-1-2 之 b）腹腔神經叢有關，而下鵲橋的陰陽玄踏車地帶和盆叢有關。其他四太極位置是和腹腔神經叢（黃庭）同一代表，而正丹田就等如腸系膜間叢。

　　當然，我們以上的討論只作參考，還是見人見智呢？

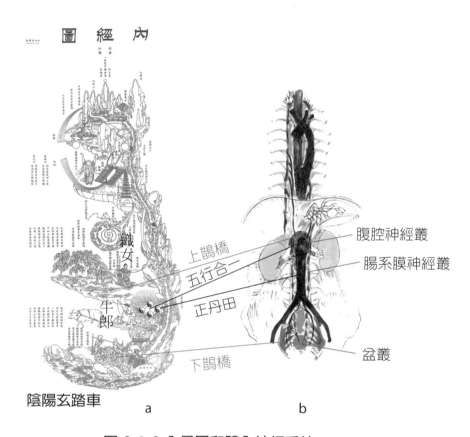

圖 2-1-2 內景圖和體內神經系統

2-2 修真圖瑣談

修真圖比內景圖複雜，此兩圖對五行合一（炁）的修煉同樣重視，如圖 2-2-1。

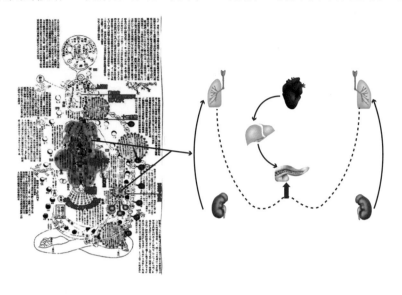

圖 2-2-1 修真圖部分與器官（炁）

另外在黃道和銀河地帶煉丹的示圖，修真圖卻遠比內景圖為詳。圖 2-2-2 和圖 2-2-3 是修真圖部分和現代身體神經系統的對照，我們有以下的初論：

1. 上鵲橋是在左右玄腎門和右牝門的地方，是現代的腹腔神經叢，而左右兩門是左右腹腔神經節。
2. 下鵲橋是玉爐地帶，等於現在左右盆叢的位置。
3. 湧谷道和泉谷水是屬於左右睪丸叢或左右卵巢叢。
4. 左玄腎門和右牝命門是現在說的左右腹腔神經節。
5. 兩門中間的圓形是等於我們說的胰臟。[註]
6. 瓊池是和腸系膜上叢有關。
7. 琉池是等如現在所說的腸系膜間叢。
8. 修真圖的「神」、「氣」和「精」的地區，是和腹腔神經節修煉有關。

註：李涵虛《仙道集》說：「桃康是脾神。」

以上的討論，未必所有的讀者都會接受，希望時間的考驗，誰是誰非，便會水落石出的。

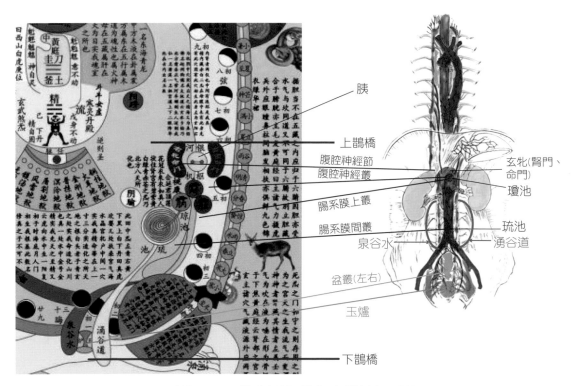

圖 2-2-2 修真圖部分與身體神經系統

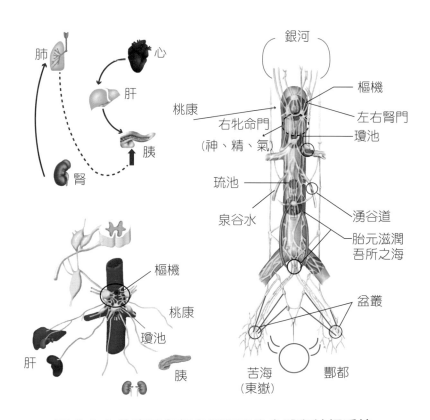

圖 2-2-3 修真圖各部名稱和現代身體與神經系統

2-3 內景圖和修真圖異同

　　內景圖著重督脈河車之路，而修真圖又分河車和銀河之路，兩者之間都有上下鵲橋的位置，兩者都有五行四象的代表和正丹田的位置（圖 2-3-1）。

　　異者，修真圖對黃庭、黃道的構圖比內經圖更詳盡描述。圖 2-3-2 是修真圖各部和人體各部的關係。如果讀者可從此二圖明白其中原理的奧祕。

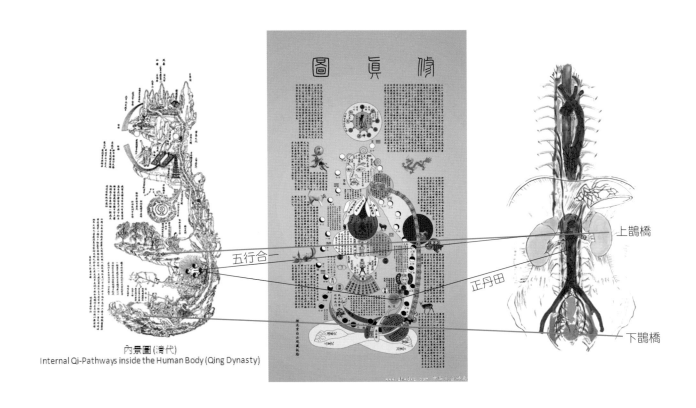

圖 2-3-1 修真圖、內景圖和人體（上下鵲橋和正丹田）

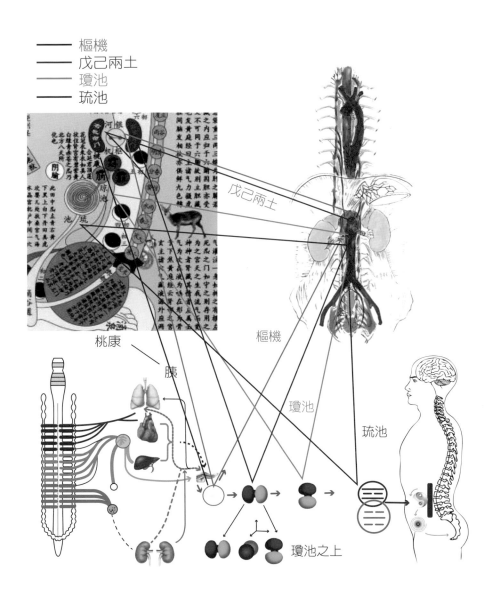

圖 2-3-2 修真圖各部與人體和神經系統

表 2-3-1 煉丹名詞和醫學名詞對照表

銀河	左右交感幹	Milky way
黃道	腹腔神經叢和腸系膜下叢之間	Ecliptic
樞機	腹腔神經叢	Celiac Plexus
左玄腎門	左腹腔神經節	Left Celiac Ganglion
右牝命門	右腹腔神經節	Right Celiac Ganglion
桃康	胰腺神經叢	Pancreatic Plexus
炓胆胹	腹腔神經叢 和腸系膜上叢之間	Area between Celiac and Superior Mesenteric Plexus
瓊池	腸系膜上叢	Superior Mesenteric Plexus
琉池	腸系膜間叢	Intermesenteric Plexus
胎元滋潤 吾所之海	腸系膜間叢以下的地方 （大概在 L5 以上）	Area below Intermesenteric Plexus
酆都	在盆腔神經叢	Left Pelvic Plexus
苦海（東嶽）	右盆腔神經叢	Right Pelvic Plexus
玉爐	子宮／前列腺	Uterus or Prostate （？）
泉谷水	右卵巢叢／左睪丸叢	Right Ovarian or Testicular Plexus
湧谷道	左卵巢叢／右睪丸叢	Left Ovarian or Testicular Plexus
上鵲橋	腰脊骨 L1-L2 左邊	Upper Magpie Bridge area around L1——L2 Celiac Plexus where T5——T9 meet left and right
下鵲橋	盆脊骨 S2、S3、S4 地帶	Lower Magpie Bridge (around S2-S3-S4) area

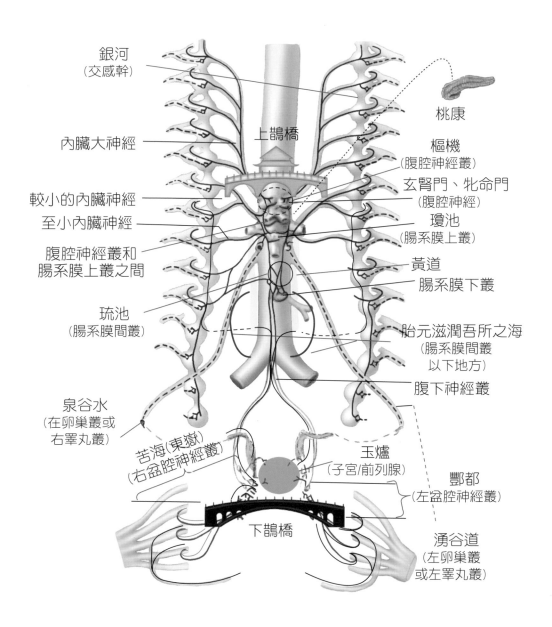

圖 2-3-3 煉丹名詞與醫學名詞對照

2-4 「中、黃、督、脊、辨」之我見

　　以前我們發表的命門說（圖 2-4-1）已隱約涉及中黃督脊的理論，也發表過炁有內在和外在途徑（圖 2-4-2）。我們認為，外在途徑的中脈才是真正的中脈，所以平常所說的無上、拙火和昆達利尼的所謂中脈，是內在途徑，是不出頭的，所以不算是出頭的真正中脈（圖 2-4-3）。

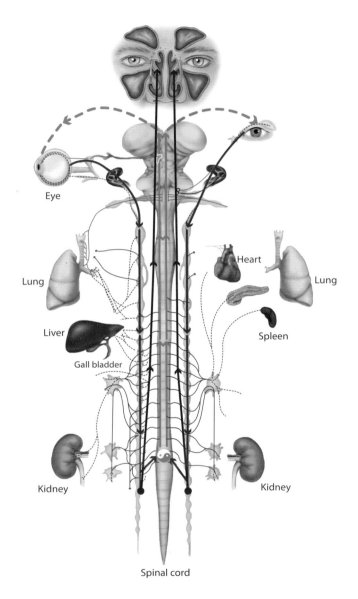

圖 2-4-1 炁在交感幹和脊髓的行走途徑

炁的途徑

內在途徑   外在途徑

a   b

圖 2-4-2 炁的內在與外在途徑

鼻腦途徑
Rhino-Cranial Pathway

坤達利尼途徑   無上瑜伽途徑   拙火瑜伽途徑
Kundalini   Candali   Tantric

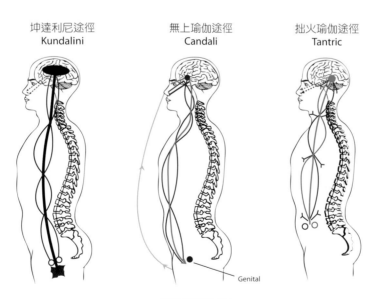

Genital

左右腦的存在
Presence of Left and Right Nadi

圖 2-4-3 三種不同瑜伽的不同中脈（不同位置）

道家修煉是有益於身心修養和身體健康。

《悟真篇》說：

「學仙須是學天仙，惟有金丹最的端。」

所以，道家學仙是一門上乘功夫，可惜看不見、摸不著，《悟真篇》又有一句話：

「始於有作人難見及至無為眾始知。」

以上兩句話，是有些可憐一般人喜歡學武和運動而忘掉學仙的意味，因為學仙是看不見的，所以不能立刻耀武揚威，誰有恆心去學仙呢？

《悟真》更指出：

「不辨五行四象，那分朱砂鉛銀。修丹火候未曾聞，早便稱呼居隱。不肯自思己錯，更將錯路教人。誤他永劫在迷決，似恁欺心安忍？」

所以，《參同契》指出：

「初正則終修，千立未可持，一者以掩蔽，世人莫知之。」

以上就是說我們學仙要尋找正路開始，不要盲修瞎練，自己不懂不可以教人，更不能以盲引盲或以訛傳訛。

開始學仙，由任督脈開始，再修煉夾脊和黃道的竅。督脈，一般人已知曉，就是身體的脊髓通道。（圖 2-4-4）

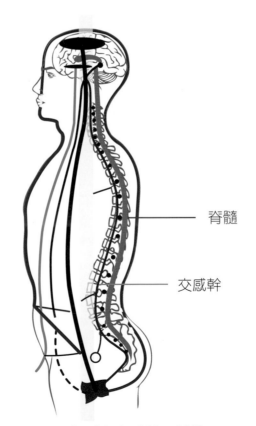

脊髓

交感幹

圖 2-4-4 督脈和交感幹及其他

至於夾脊雙關在那裡，大部分的書籍都寫得很模糊，清閔一得所訂正各種道書內曾談及夾脊和黃道，但讀者不一定領略書內的奧祕。古書有云：「夾脊雙關透頂門，修行徑路此為尊。」由此可知夾脊的重要。

在醫書內也有華佗夾脊穴，圖 2-4-5 是華佗夾脊穴，如果用針灸的理念，外內相應的話，這些身體外面（左右）的穴應和體內交感（左右）幹有關，十七對夾脊穴，就等如胸交感節十二雙、腰神經節五雙（圖2-4-6）。

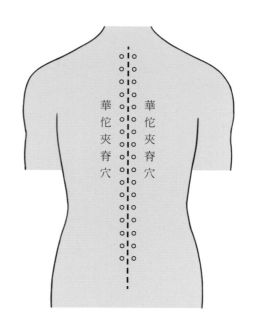

圖 2-4-5 華佗夾脊雙關

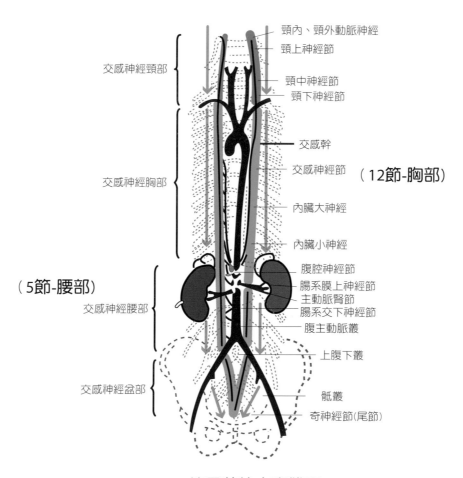

（17節是華佗夾脊雙關）

圖 2-4-6 左右交感幹

圖 2-4-6 的十七對神經（交感幹）中，有十五對是屬於自律神經系統，《黃庭經》說：「七蕤玉籥閉兩扉，重扇金關密樞機。」、「文曰真人巾金巾，負甲持符開七門。」、「使心諸神還相崇，七弦英華開命門，通利天道存玄根，百二十年猶可還。」

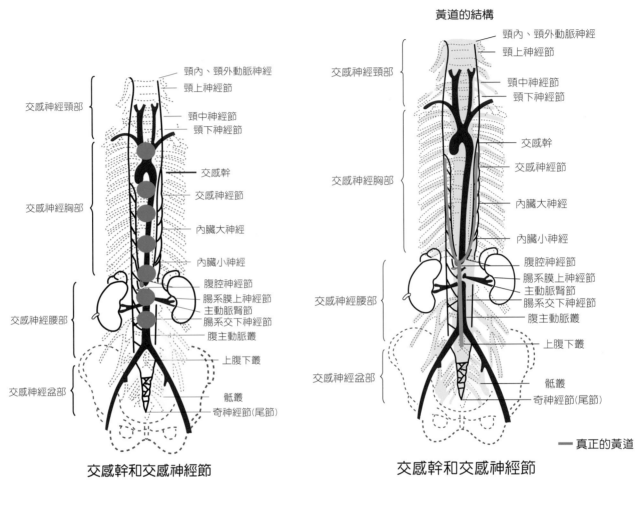

圖 2-4-7 自律神經系統與七竅　　圖 2-4-8 黃道結構圖

　　圖 2-4-7 有七個竅，我們在討論《黃庭經》一文中，已解釋這七個竅穴（炁），從圖 2-4-7 又可以看到這七個竅和夾脊有關。

　　從閔一得等道書，我們已知黃道「在夾脊前，中脘後」，在《上品丹法節次》裡說：「黃道循腎前臍後中縫直升，是由脊前心後中縫直透泥者。」圖 2-4-8 是黃道的結構圖，古書所說的黃道應該由尾閭地帶直上腦部（淺黃色地帶），我們認為

真正的黃道是由 T5 到上腹下叢（綠色的地帶），這個問題，以後再詳細敘述。

從上面的討論，黃道是在夾脊雙關的中間，這就是說，黃道是神經線叢和節組成，而分布在大動脈上面，由胸部到腹部。

圖 2-4-9 是炁在夾脊流動的途徑，炁在黃道流動的途徑就比較複雜，以後有機會再網上或書本上發表。

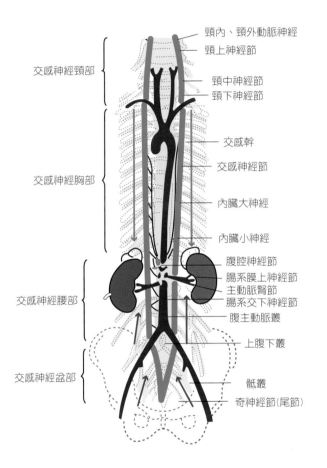

圖 2-4-9 炁在夾脊的流動途徑

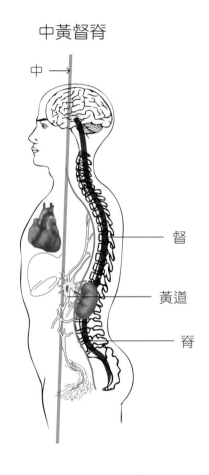

圖 2-4-10 中黃督脊途徑構思圖

圖 2-4-10 是中黃督脊途徑的構思圖，當然不一定是對的，但在我們經驗和實踐過程中，這些途徑是對的，當然有人說瑜伽或道家身體的炁脈有數萬條以上，所以見人見智，誰是對的要看個人的知識和經驗了。

上世紀中期以後，已故陳健民先生曾在《中黃督脊辨》作了對中脈黃道和夾脊的討論；而近期去世的南懷瑾先生認為中脈就是衝脈。

但我們的見解和這兩位已故先生有異：

1. 我們認為真正中脈是要出頭的（外在途徑），故南老師的解法，大家讀看針灸或《黃帝內經》等書就知誰是誰非。另外，陳健民先生將阿哇都帝（Avadhuti）和數數媽（Sushumna）是兩個不同的中脈作為同一中脈是錯的。阿哇都帝是拙火瑜伽中脈（以上已討論過），而數數媽是昆達利尼中脈，這兩中脈位置不同，而是在體內（內在途徑），不出頭的。

2. 陳氏引用《參同契》、《泄天機》、《天仙心傳》、《皇極闔辟仙經》等書去解釋黃道和夾脊與中脈的不同，陳氏是研究和實踐密佛的學者，又怎能明白道家的奧祕呢？

3. 陳氏又認為修中脈是無為法，而修黃、脊、督是有為法，這未免是強詞奪理，我們認為無論修中黃督脊等都有有為和無為階段。

以上簡單地討論中黃督脊，希望有緣人尋思和練習進一步明白其中道理。

2-5 中黃督脊瑣談——夾脊和黃道

黃道和夾脊，由古自今，有許多名稱，而明其理者稀。

本文的討論是作者個人的實踐和修煉而得出的成果，其真與假、對與否，讓讀者自己去決定。多年來得到的結論，我們認為夾脊的位置是在人體左右的交感幹中（圖 2-5-1），我們亦認為真正的瑜伽左右脈（左 Ida 和右 Pingala）亦是在左右交感幹上（圖2-5-2）。

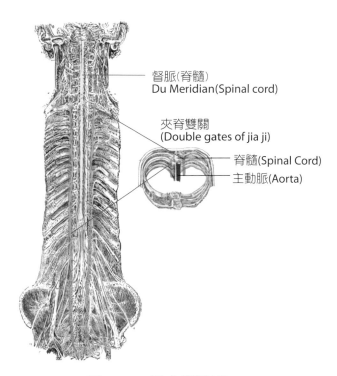

圖 2-5-1 道夾脊雙關

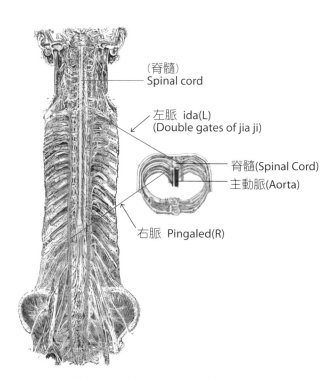

圖 2-5-2 主要的瑜伽（炁）脈

在中國醫書有華佗夾脊（T1-T12 和 L1-L5），在這十七節脊骨的左右，我們認為如果針灸有表裡的理論，道家的夾脊應該是左右的交感幹，而亦是在 T1 到 L5 的交感幹位置上（圖 2-5-3）。換句話說，夾脊和人體胸部和腰部有關。

炁進入交感幹亦有它們的途徑，圖 2-5-4 是炁由頭下降或從會陰或骶叢上升的途徑。

那麼黃庭和黃道又怎樣呢？我們認為太陽叢就是黃庭或是腹腔神經叢。黃庭（腹腔神經叢）包括：

1.戊己土（腹腔神經節——左右）
2.規中——腸系膜上神經叢
3.玄牝（命門地帶L2）——腸系膜間神經叢（圖 2-5-5）

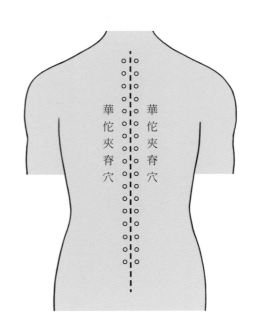

圖 2-5-3 華佗夾脊穴

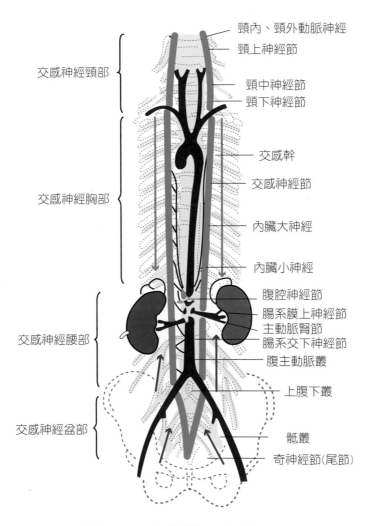

圖 2-5-4 交感幹與怎行途徑

黃道是什麼呢？

　　黃道是在主動脈上的神經節叢和網路，由胸部 T5 開始到下腹部，大概最重要的是從腹腔神經節上部下到主動脈的分岔地方，這地帶是古代道家真正練內丹的地方。其神經節和叢的來源，除其神經外，最中要的是內臟大神經（T5-T9），內臟小神經 T10–T11，內臟最小神經 T12 和腰部內臟神經（L1-L2）。（圖 2-5-6、圖 2-5-7）

　　望對炁同好者指導。

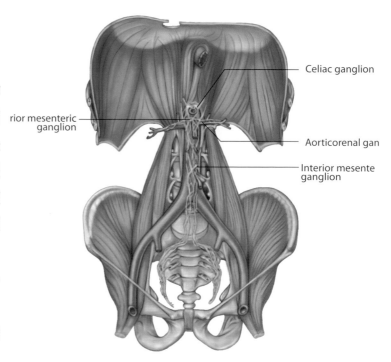

圖 2-5-5 黃庭、規中和玄牝

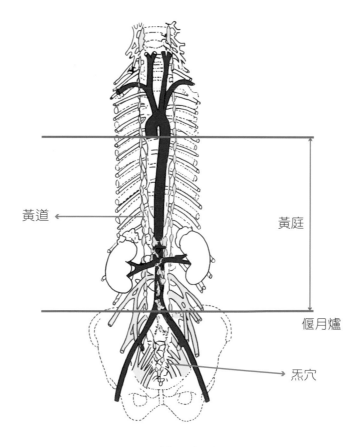

圖 2-5-6 黃道與其竅

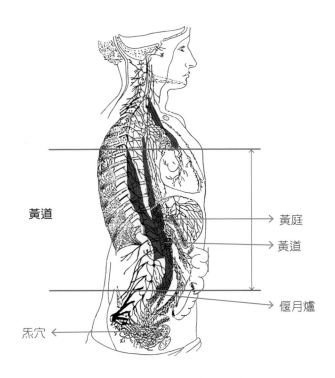

黃道

→ 黃庭

→ 黃道

→ 偃月爐

炁穴 ←

圖 2-5-7 黃道與其竅（側面）

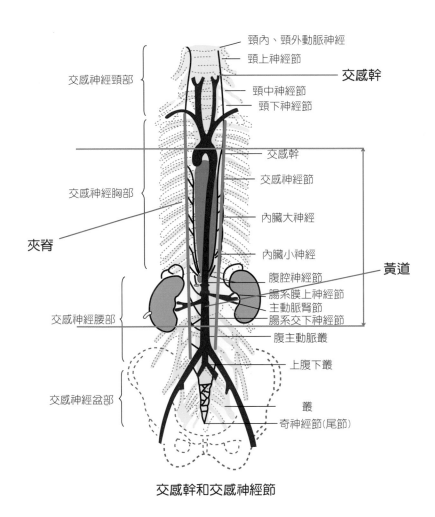

頸內、頸外動脈神經

頸上神經節

交感幹

交感神經頸部

頸中神經節

頸下神經節

交感幹

交感神經節

交感神經胸部

內臟大神經

內臟小神經

夾脊

腹腔神經節

黃道

腸系膜上神經節

主動脈腎節

腸系交下神經節

交感神經腰部

腹主動脈叢

上腹下叢

交感神經盆部

叢

奇神經節(尾節)

交感幹和交感神經節

圖 2-5-8 黃道、夾脊和交感幹的綜合圖

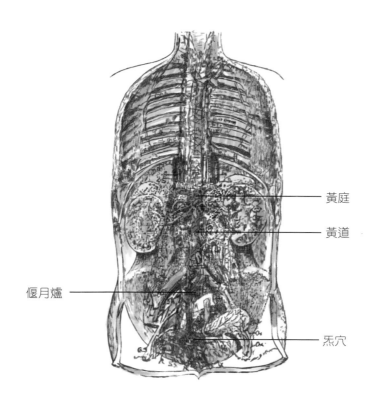

黃庭

黃道

偃月爐

炁穴

圖 2-5-9 黃庭、黃道、偃月爐和炁穴等的關係

2-6 老子《道德經》局部圖解

「天地不仁，以萬物為芻狗；聖人不仁，以百姓為芻狗。天地之間，其猶橐籥[註1]乎！虛而不屈，動而愈出。多言數窮，不如守中。」

「谷、神、不死，是謂玄牝。玄牝之門[註2]，是謂天地根。綿綿若存，用之不勤。」

註1：橐籥——似古代風箱的原理，炁進出身體現象。「橐」是最早的鼓風器，也是風箱的前身，又稱「橐籥」，古代以牛皮製成的風袋；「籥」原指吹口管樂器，這裡借喻橐的輸風管，戰國時期已有橐籥。

註2：玄牝——陰陽或原始的開始。

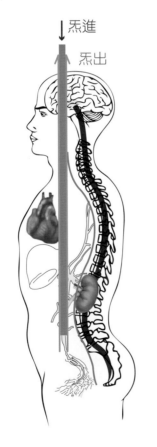

圖 2-6-1 橐籥（炁的升降）

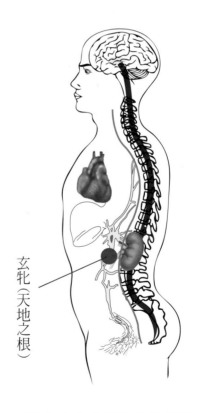

圖 2-6-2 玄牝產生的位置之一

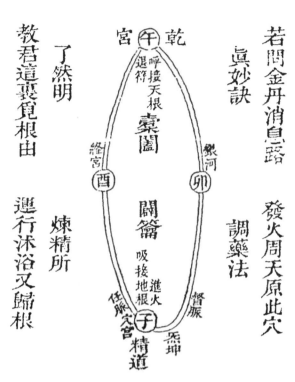

調藥煉精成金丹圖

若問金丹消息路　發火周天原此穴

真妙訣　調藥法

乾宮

午　呼接天根　退符

橐籥

絳宮　酉　卯　銀河

關籥

吸接地根

進火　督脈

坤　子　精道

任脈氣管

教君遠覓根由　了然明　煉精所　運行沐浴又歸根

金丹橐籥圖

圖 2-6-3 道家橐籥

漢代

復原品

圖 2-6-4 古代的橐（風箱）

45

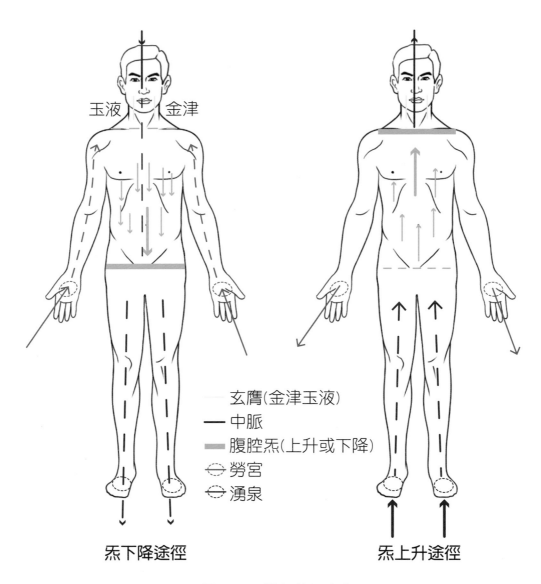

玉液　金津

玄膺(金津玉液)
中脈
腹腔炁(上升或下降)
勞宮
湧泉

炁下降途徑　　　　　　　　　炁上升途徑

圖 2-6-5 構想的炁橐龠

2-7 莊子〈大宗師〉局部圖解

「知天之所為，知人之所為者，至矣，知天之所為者，天而生也，知人之所為者，以其知之所知，以養其知之所不知，終其天年而不中道夭者，是知之盛也。雖然，有患。夫知有所待，而後當其所待者特未定也。庸詎知吾所謂天之非人乎！所謂人之非天乎！且有真人而後有真知。何謂真人？古之真人，不逆寡、不雄成，不謨士，若然者，過而弗悔，當而不自得也。若然者，登高不慄，入水不濡，入火不熱，是知之能登假於道也若此。古之真人，其寢不夢，其覺無憂，其食不甘，其息深深，真人之息以踵，眾人之息以喉。」

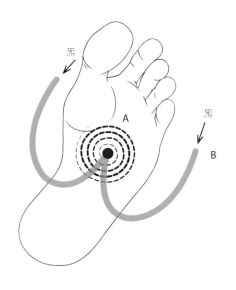

圖 2-7-2 湧泉的炁

註：普通人以鼻呼吸為主，而修煉炁的人，除呼吸氣外，因為鍛鍊有炁，所以有踵息。嚴格的說，湧泉要開，才有真正的踵炁呼吸。

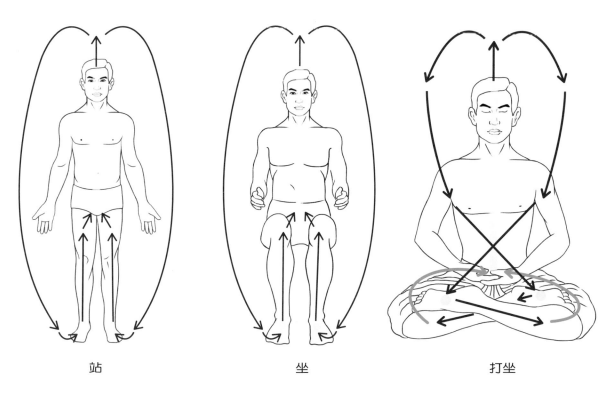

站　　　　　　坐　　　　　　打坐

圖 2-7-1 踵炁呼吸途徑之一

47

2-8 《金丹四百字》

宋・張伯端撰《金丹四百字》云：

「七返九還金液大丹者，七乃火數，九乃金數，以火煉金，返本還元，謂之金丹也。以身心分上下兩弦，以神氣別冬夏二至，以形神契坎離二卦。以東魂之木、西魄之金、南神之火、北精之水、中意之土是為攢簇五行，以含眼光、凝耳韻、調鼻息、緘舌氣，是為和合四象，以眼不視而魂在肝、耳不聞而精在腎、舌不聲而神在心、鼻不香而魄在肺、四肢不動而意在脾，故名曰五氣朝元；以精化為氣，以氣化為神，以神化為虛，故名曰三花聚頂。」

註：坊間書籍對攢簇五行和合四象和五氣朝元有不同的解釋，我們從實踐經驗中，以張伯端所撰的為正宗。

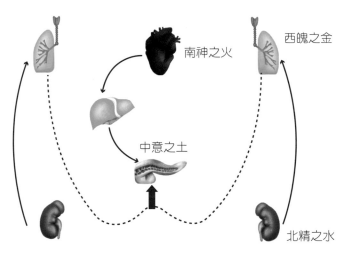

圖 2-8-1 攢簇五行

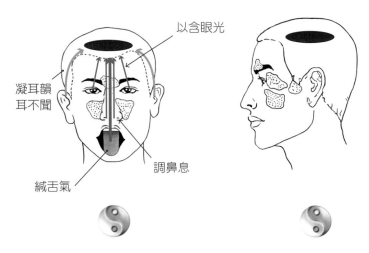

圖 2-8-2 和合四象

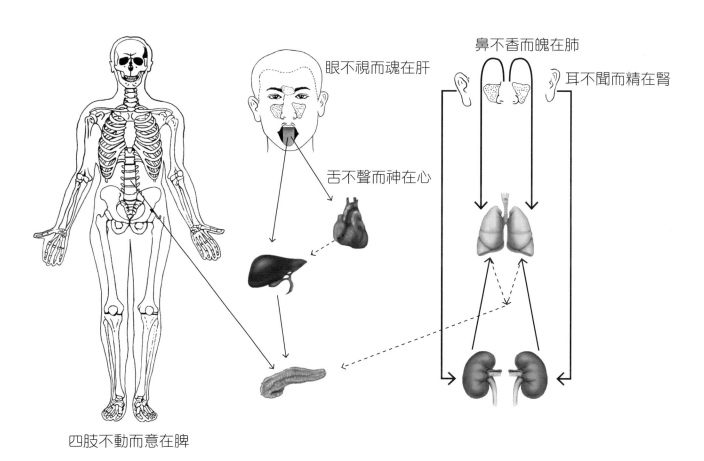

眼不視而魂在肝

鼻不香而魄在肺

耳不聞而精在腎

舌不聲而神在心

四肢不動而意在脾

圖 2-8-3 五氣朝元

2-9 黃庭、命門與靈根

黃庭諸經為道教重要的著作，其《外景經》有：「上有黃庭下關元，後有幽闕前命門。」[註1]而《內景經》卻有：「上有靈魂下關元......後有密戶前生門。」[註2]

　　註1：嵩隱子在《太上黃庭經註》說：「黃庭......乃修行入門第一著緊要關頭也......乃五行不到之處。關元者，即吾人之下丹田炁海關元穴也，幽闕者，即吾人雙腎之後是也，命門者，即吾人關元之內，左右腎中穴是也。」

　　註2：澹園冷謙註的《內景經》卻說：「魂，心魂也。關，腎關也。......兩腎臟精為密戶，附脊居後，左右相對，中虛一竅為命門，即生門。初生受胎，未形先具渾如太極，先天真一之炁存此，其生炁從命門出，則向前與臍相對。」

　　以上《外景經》一開始就提及黃庭，而《內景經》卻用魂靈而刪掉黃庭。首先我們用圖來表明外內景經內各部和人體的關係（圖 2-9-1）。像嵩隱子說：「黃庭是修行的第一個關頭，而亦是五行不到之處」。或許《外景經》誕生時，編寫者著重於煉丹的地方，而忽略黃庭合炁處的重要，後來《中景經》卻把合炁處的黃庭和煉丹的地方列為同樣重要。

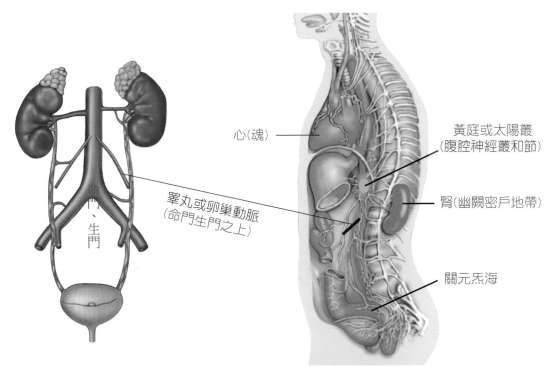

心（魂）

黃庭或太陽叢
（腹腔神經叢和節）

腎（幽闕密戶地帶）

睪丸或卵巢動脈
（命門生門之上）

命門、生門

關元炁海

圖 2-9-1 黃庭和其煉炁或丹的位置
（由黃庭下至主動脈分叉是煉丹重要地區）

在《外景經》，提及靈根七次，而命門三次，如下：

【靈根】

　　1.玉池清水灌靈根

　　2.靈根堅固老不衰

　　3.庶几結珠固靈根

　　4.象龜引氣至靈根

　　5.通利天道存靈根

　　6.藏養靈根不復枯

　　7.沐浴華池生靈根

【命門】

　　1.後有幽闕前命門

　　2.將使諸神開命門

　　3.三府相得開命門

　　而《內景經》，提及生門（3）和命門（2）共五次，說及靈根三次：

【生門】

　　1.後有密戶前生門

　　2.兩部水對生門

　　3.七曜九元冠生門

【命門】

　　1.方圓一寸命門中

　　2.七玄英華開命門

【靈根】

　　1.灌溉五華植靈根

　　2.（通利天道存玄根）

　　3.耽養靈根不復枯

　　最後在《中景經》，靈根和命門各一次，如下：

【靈根】

　　1.養人骨髓浸靈根

【命門】

　　1.下念天門依命門

從以上，我們認為靈根就是用炁煉成的丹，是無形的炁團；而命門是人體內解剖位置^{（註3）}，我們又認為命門就是在主動脈上，左右睪丸／卵巢動脈的周圍區域，而靈根就是修真圖的琉池上方和瓊池下方。換句話說，就是腸系膜間叢上（圖2-9-2）的炁團（丹）。

註3：李海洋、王志紅，《命門與生殖相關的古代文獻源流考》雲南中醫學院學報Vol.34 No. 36.2011。

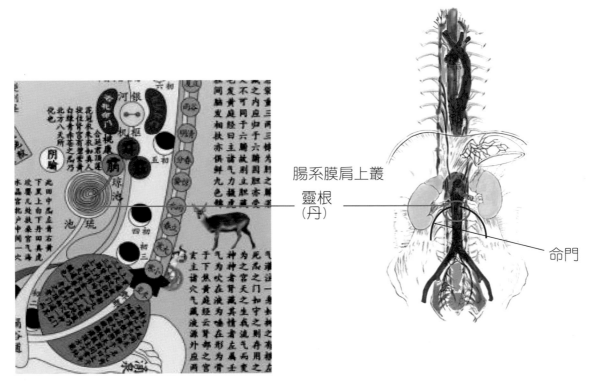

腸系膜肩上叢
靈根
（丹）
命門

圖 2-9-2 靈根（丹）和命門

研究《黃庭經》亦要知行合一，某器官會和另一器官有聯帶關係，如圖 2-9-3。耳和腎，口和脾等都有關係的，這種是炁的現象。《黃庭經》內亦強辯這一點，所以命門和生殖器官的關係，亦有圖為證，所以是沒有什麼稀奇，而且這裡是有直接關係的。關於《內經》，《靈樞根結》說：「命門者，目也。」也是同一道理，我們在命門說一篇已討論過。因為口和玉池是由迷走神經（副交感神經）引導到靈根（命門區域），而「目」是由交感神經轉達到命門。兩者雖然到同樣目的地方，但其途徑完全不同。

另外，《外景經》說：「玉池清水灌靈根。」《內景經》又說：「口為玉池太和官。」從圖 2-9-4 可以看到，如果口動，可以影響迷走神經，而由食道神經進入

脾臟等，然後助靈根的生長，所以玉池清水，不是口水，而是神經系統的電磁性質的傳導。

讀者能明白以上的道裡，那麼對黃庭三經的奧妙，便更加易明了。

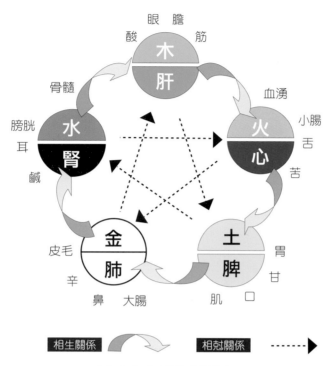

圖 2-9-3 五行與器官

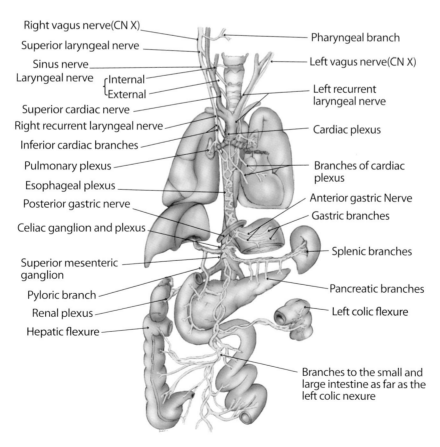

圖 2-9-4 迷走神經和人體器官

2-10 黃庭三經之《中景經》

　　黃庭三經中，有人認為《中景經》成書最晚，大概在兩晉時期；《外景經》最早，沿於老子所作；《內景經》是由魏華傳世，據傳為太上玉晨大道君所作。

　　《外景經》深奧而編輯零亂難懂，《內景經》比較有系統，但亦不容易明白，最容易捉摸的是《中景經》。要明白黃庭三經，一定要三經同時鑽研，但可惜的其中暗語層出不窮，歷代了解《黃庭經》的人不多，至於注本，有人說：「世本不特字句訛舛，而註者更為荒謬，是非親歷其境，安能窺其玄奧。」所以讀黃庭三經，要知行合一，不然的話，便會越讀越迷惑。《黃庭內景經》有說：「入室東向讀玉篇，約得萬遍義自解。」

　　黃庭三經對人體構造有明細解剖，尤其是《中景經》是古代仙家一部最完善之「生理學」，在外科手術未昌明之前，即有如此精明能力，真是可以說是一部仙經，亦證明內視冥想有超人作用。

　　據黃庭經本文有以下數段：

《內景經》

> 上有靈魂下關元
>
> 左為少陽右太陰
>
> 後有密戶前生門
>
> 出日入月呼吸存

《外景經》

> 上有黃庭下關元
>
> 後有幽闕前命門

《外景經》

> 黃庭真人衣朱衣
>
> 關門牡籥闔兩扉
>
> 幽關俠之高巍巍

　　丹田之中精氣微而《中景經》有下面一句：「中有黃庭主聽門。」所以後世有人說上黃庭（頭部）、中黃庭（胸心部）和下黃庭（腹部）。在我們討論範圍內，我們所說的黃庭是指腹部的黃庭。

　　《外景經》和《內景經》只是略提腦部，而沒有提及下半身的盆部。而《中景經》則對腦部頭部和盆部作比較詳細的介紹。研究《中景經》的讀者，應該對身體

器官的結構和神經系統有基本知識和認識，不然就會變成隔靴搔養，找不到《中景經》的要旨。

《中景經》內的：

1. 神字是代表炁或光環，如天神是光環或炁。
2. 神長市代表器官內的炁或器官外的劍炁。
3. 神妃、神女市代表神經系統的神經線或節等等。
4. 靈根、靈臺和中央都是代表玄牝之門或結丹的地方。

以下用圖解性質來圖述《中景經》對內丹修煉的重要性：

1. 念吾頭頂戴天神髮為星晨萬餘綸
   紆長槃屈光若玄孔德之容大如錢
   天星和氣從此間養人骨髓浸靈根
   下和六腑紹五宮消除惡氣出臍門
   （圖2-10-1、圖2-10-2、圖2-10-3）

念吾頭頂戴天神

圖 2-10-1 頭上光環（天神）

紆長槃屈光若玄
（髮為星辰萬餘綸）

圖 2-10-2 佛髻是光圈

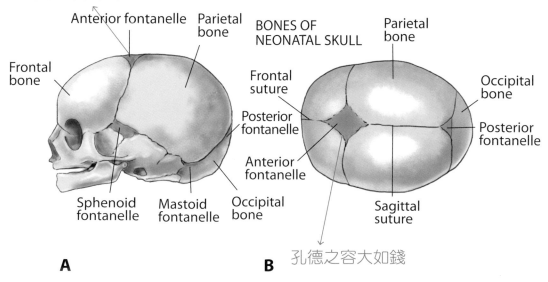

圖 2-10-3 囟腦門

2.上有星晨相合持　下與恒山相連扶
　神長六寸衣玄黃　神妃十二同帷帳
　五光玄曜照四方　青赤白黑服外黃
　周衛五重四門張　中虛靈臺華屋堂
　朱樓二寸自相通　神女遊戲集中央　（圖 2-10-4）

　　註：以上的靈臺，就是性命圭旨內的祖竅，這裡是指玄牝，亦是安神的地
方。

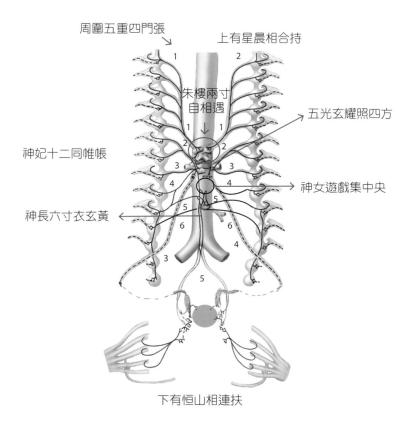

圖 2-10-4 神經系統和黃庭經（一段）

3.駕無極乘焉陰陽　御六蒼龍建左方
　白虎把弓居右方　朱雀前引把五兵
　玄武提鼓在後行　千神萬騎引縱橫
　軒如高舉登九蒼　（圖 2-10-5、圖 2-10-6）

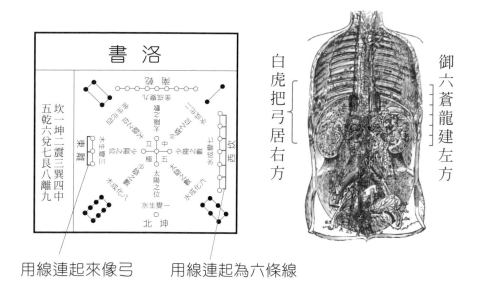

洛 書

坎一坤二震三巽四中
五乾六兌七艮八離九

用線連起來像弓　　　用線連起為六條線

御六蒼龍建左方

白虎把弓居右方

圖 2-10-5 洛書與黃庭之句

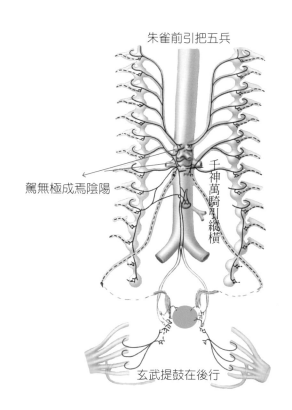

朱雀前引把五兵

千神萬騎引縱橫

駕無極成焉陰陽

玄武提鼓在後行

圖 2-10-6 神經系統與黃庭句

4.法象會一於丹田 誠能通之度四方
方圓三寸名關元 縱橫四方為朱垣
常在中央兩關門 神長五寸衣金文
能大能小變化神 （圖 2-10-7、圖 2-10-8、圖 2-10-9）

　　註：這裡兩竅與《性命圭旨》內外兩竅相同，另句話說，這裡是「蟄藏氣穴」的竅也。

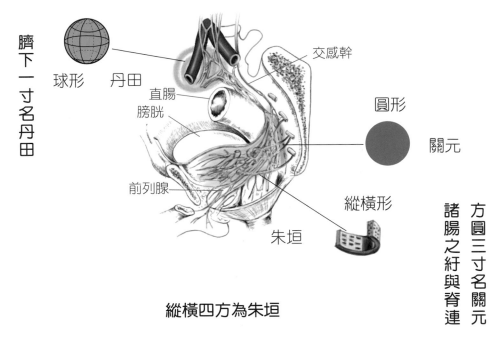

圖 2-10-7 盆部與黃庭句

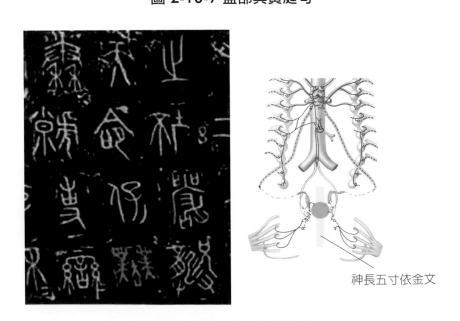

圖 2-10-8 金文與黃庭句

5.下念天門依命門 去臍一尺變化神

　兩女夾侍敗亂人 能為大小惑人心 　（圖 2-10-9）

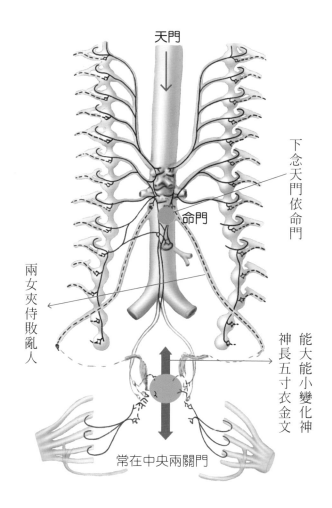

天門

下念天門依命門

命門

兩女夾侍敗亂人

能大能小變化神
神長五寸衣金文

常在中央兩關門

圖 2-10-9 盆叢與黃庭句

結論

　　《中景經》的靈臺和朱垣等，奠定了後來《性命圭旨》的「安神祖竅」和「蟄藏氣穴」的兩步驟，又形成了氣穴內外兩竅的現象。

2-11 《內景經．仙人章》圖解瑣談

《黃庭經》已有差不多兩千年的歷史，文字深奧難讀，其內視功夫比近代解剖學更精、更玄妙，其敘述器官的炁遠超現代MRI的技術；經內對脾和長脾（胰）的描述，更超於現代的科學。前時我們已對器官的炁作了討論，以下我們對《黃庭經》內的〈仙人章〉，首次用圖解方式來作解釋。

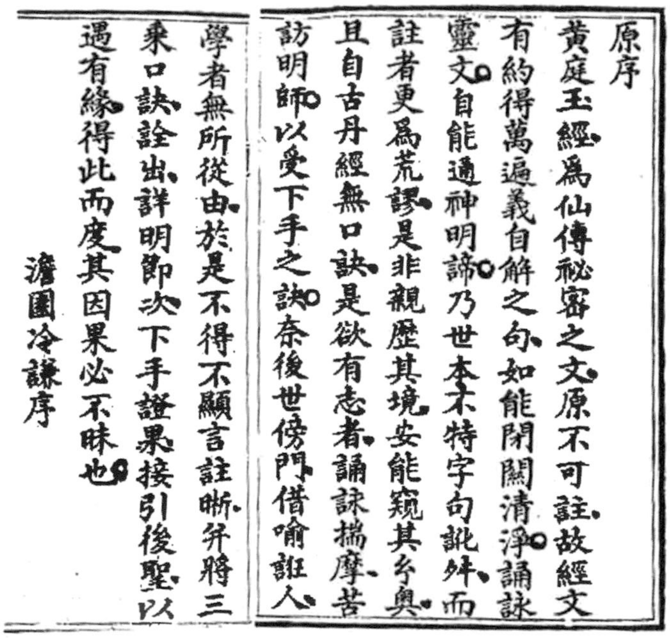
原序

黃庭玉經為仙傳祕竅之文原不可註故經文有約得萬遍義自解之句如能閑關清淨誦詠靈文自能通神明諦乃世本不特字句訛舛而註者更為荒謬是非親歷其境安能窺其夯奧且自古丹經無口訣是欲有志者誦詠揣摩苦訪明師以受下手之訣奈後世傍門借喻誑人學者無所從由於是不得不顯言註晰并將三乘口訣詮出詳明節次下手證果接引後聖以遇有緣得此而度其因果必不昧也

澹園冷謙序

圖 2-11-1 黃庭經原序

〈仙人章〉第二十八：

仙人道士非有神。積精累氣以為真。黃童妙音難可聞。

玉書絳簡赤丹文。字曰真人巾金巾。負甲持符開七門。

火兵符圖備靈關。前昂後卑高下陳。執劍百丈舞錦幡。

十絕（註）盤空扇紛紜。火鈴冠霄墜落煙。安在黃闕兩眉間。

此非枝葉實是根。

註：十絕——純熟的時候，炁的旋轉。

如果有素炁的修煉者能明白以上的圖解，那麼就不用閱讀《黃庭經》一萬次才能瞭解經文內之意了，只要用心，讀《黃庭經》一千次就會明白了。

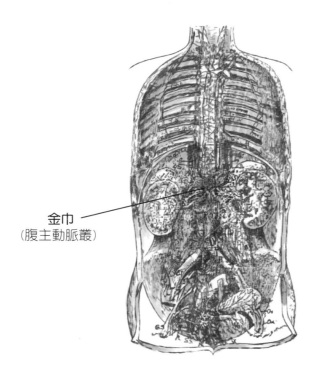

金巾
（腹主動脈叢）

圖 2-11-2 真人巾金巾

圖 2-11-3 真人金巾

金 巾

金巾(古代布名稱)

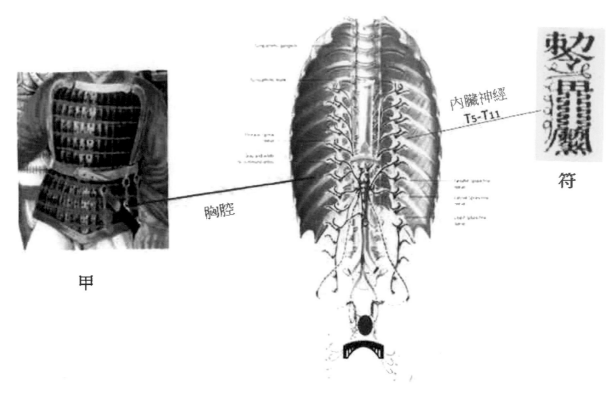

甲 胸腔 內臟神經 T5-T11 符

圖 2-11-4 負甲持符開七門

左右太陽叢

兵符

圖 2-11-5 火兵符圖備靈關

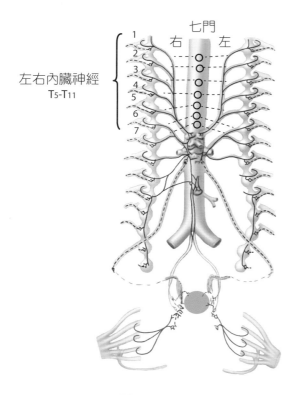

七門

右　左

左右內臟神經
T₅-T₁₁

圖 2-11-6 七門

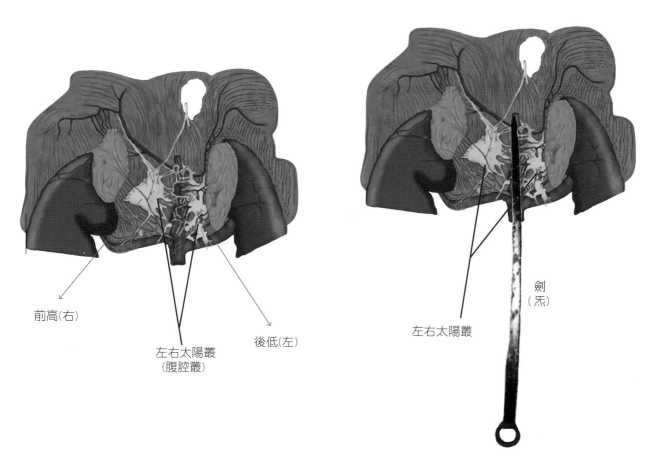

前高(右)

左右太陽叢
(腹腔叢)

後低(左)

圖 2-11-7 前昂後卑高下陳

劍
(炁)

左右太陽叢

圖 2-11-8 執劍百丈舞靈幡

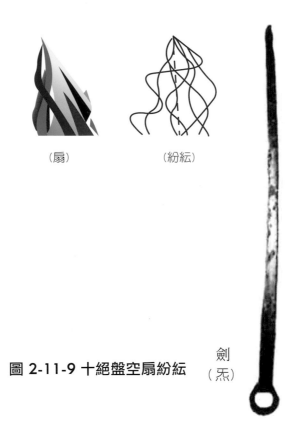

（扇）　　　　（紛紜）

劍
（丕）

圖 2-11-9 十絕盤空扇紛紜

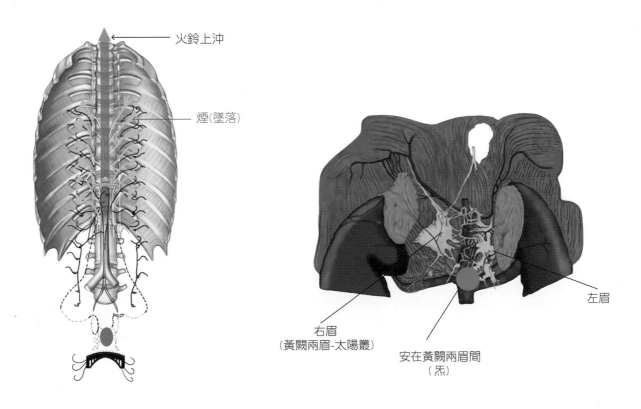

火鈴上沖

煙(墜落)

圖 2-11-10 火鈴冠宵墜落煙

右眉
(黃闕兩眉-太陽叢)

安在黃闕兩眉間
（丕）

左眉

圖 2-11-11 安在黃闕兩眉間

2-12 《敲爻歌》瑣談

「漢終唐國飄蓬客，所以敲爻不可測。縱橫逆順沒遮欄，靜則無為動是色。也飲酒，也食肉，守定胭花斷淫慾。行歌唱詠胭粉詞，持戒酒肉常充腹。色是藥，酒是祿，酒色之中無拘束。只因花酒誤長生，飲酒帶花神鬼哭。不破戒，不犯淫，破戒真如性即沈。犯淫壞失長生寶，得者須由道力人。道力人，真散漢，酒是良朋花是伴。花街柳巷覓真人，真人只在花街玩。摘花戴飲長生酒，景裡無為道自昌。一任群迷多笑怪，仙花仙酒是仙鄉。到此鄉，非常客，姹女嬰兒生喜樂。洞中常采四時花，時花結就長生藥。長生藥，採花心，花蕊層層艷麗春。時人不達花中理，一訣天機直萬金。謝天地，感虛空，得遇仙師是祖宗。附耳低言玄妙旨，提上蓬萊第一峰。第一峰，是仙物，惟產金花生恍惚。口口相傳不記文，須得靈根骨髓堅。堅骨髓，煉靈根，片片桃花洞裡春。七七白虎雙雙養，八八青龍總一斤。真父母，送元宮，木母金公性本溫。十二宮中蟾魄現，時時地魄降天魂。鉛初就，汞初生，玉爐金鼎未經烹。一夫一婦同天地，一男一女合乾坤。庚要生，甲要生，生甲生庚道始萌。拔取天根並地髓，白雪黃芽自長成。鉛亦生，汞亦生，生汞生鉛一處烹。烹煉不是精和液，天地乾坤日月精。黃婆匹配得團圓，時刻無差口付傳。八卦三元全藉汞，五行四象豈離鉛。鉛生汞，汞生鉛，奪得乾坤造化權。杳杳冥冥生恍惚，恍恍惚惚結成團。性須空，意要專，莫遣猿猴取次攀。花露初開切忌觸，鎖居上釜勿抽添。玉爐中，文火爍，十二時中惟守一。此時黃道會陰陽，三性元宮無漏泄。氣若行，真火煉，莫使玄珠離寶殿。加添火候切防危，初九潛龍不可煉。消息火，刀圭變，大地黃芽都長遍。五行數內一陽生，二十四氣排珠宴。火足數，藥方成，便有龍吟虎嘯聲。三鉛只得一鉛就，金果仙芽未現形。再安爐，重立鼎，跨虎乘龍離凡境。日精才現月華凝，二八相交在壬丙。龍汞結，虎鉛成，咫尺蓬萊只一程。坤鉛乾汞金丹祖，龍鉛虎汞最通靈。達此理，道方成，三萬神龍護水晶。守時定日明符刻，專心惟在意虔誠。黑鉛過，采清真，一陣交鋒定太平。三車搬運珍珠寶，送歸寶藏自通靈。天神祐，地只迎，混合乾坤日月精。虎嘯一聲龍出窟，鸞飛鳳舞出金城。硃砂配，水銀停，一派紅霞列太清。鉛池迸出金光現，汞火流珠入帝京。龍虎媾，外持盈，走聖飛靈在寶瓶。一時辰內金丹就，上朝金闕紫雲生。仙桃熟。摘取餌，萬化來朝天地喜。齋戒等候一陽生，便進周天參同理。參同理，煉金丹，水火薰蒸透百關。養胎十月神丹結，男子懷胎豈等閒。內丹成，外丹就，內外相接和諧偶。結成一塊紫金丸，變化飛騰天地久。丹入腹，非尋常，陰陽剝盡化純

陽。飛昇羽化三清客，各遂功成達上蒼。三清客，駕瓊輿，跨鳳騰霄入太虛。似此逍遙多快樂，遨遊三界最清奇。太虛之上修真士，朗朗圓成一物無。一物無，唯顯道，五方透出真人貌。仙童仙女彩雲迎，五明宮內傳真誥。傳真誥，話幽情，只是真鉛煉汞精。聲聞緣覺冰消散，外道修羅縮項驚。點枯骨，立成形，通道天梯似掌平。九祖先靈得超脫，誰羨繁華貴與榮。尋烈士，覓賢才，同安爐鼎化凡胎。若是慳財並惜寶，千萬神仙不肯來。修真士，不妄說，妄說一句天公折。萬劫塵沙道不成，七竅眼睛皆迸血。貧窮子，發誓切，待把凡流盡提接。同越蓬萊仙會中，凡景煎熬無了歇。塵世短，更思量，洞裡乾坤日月長。堅志苦心三二載，百千萬劫壽彌疆。達聖道，顯真常，虎兕刀兵更不傷。水火蛟龍無損害，拍手天宮笑一場。這些功，真奇妙，分付與人誰肯要。愚徒死戀色和財，所以神仙不肯召。真至道，不擇人，豈論高低富與貧。且饒帝子共王孫，須去繁華銼銳分。嗔不除，憨不改，墮入輪迴生死海。堆金積玉滿山川，神仙冷笑應不採。名非貴，道極尊，聖聖賢賢顯子孫。腰間跨玉騎驕馬，瞥見如同隙裡塵。隙裡塵，石中火，何在留心為久計。苦苦煎熬喚不回，奪利爭名如鼎沸。如鼎沸，永沈淪，失道迷真業所根。有人平卻心頭棘，便把天機說與君。命要傳，性要悟，入聖超凡由汝做。三清路上少人行，畜類門前爭入去。報賢良，休慕顧，性命機關須守護。若還缺一不芳菲，執著波查應失路。只修性，不修命，此是修行第一病。只修祖性不修丹，萬劫陰靈難入聖。達命宗，迷祖性，恰似鑒容無寶鏡。壽同天地一愚夫，權物家財無主柄。性命雙修玄又玄，海底洪波駕法船。生擒活捉蛟龍首，始知匠手不虛傳。」

呂祖的著作將陰陽雙修畫龍而不點睛，詳述而不露骨，沒有上根的人，又怎能修煉呢？呂仙的《敲爻歌》將陰陽的修煉精髓直說無遺，可說是一篇不朽之作。

在〈入藥鏡瑣談〉一篇中，我們已經討論過「攢五行、會八卦」的重要，同樣的，在《敲爻歌》內有「八卦三元全藉汞，五行四象豈離鉛」，這兩者都注重五行炁合的重要性。

另一重要點是黃房和黃道的功能，在《入藥鏡》篇內，只是略提，而在《敲爻歌》內，卻有詳細的敘述，如《敲爻歌》內說：「『庚要生，甲要生』『白雪黃芽自長成』『黃婆匹配得團圓』『此時黃道會陰陽』『火足數，藥方成』『三鉛只得一鉛就』。」

接下來，以圖 2-12-1 來說明《敲爻歌》：

1.庚要生，甲要生庚是西方，是金，這裡應是（1+4）合，就是腎炁和肺炁合。甲是木，這裡是（2+3）合，就是心炁和肝炁合。前者合得白雪（光也），後者合得黃芽（光也）。這兩種合炁再進入胰臟（5），這樣就三五合一。

2.黃婆匹配得團圓

三五合一的炁從胰臟進入太陽叢，太陽叢（腹腔神經叢）就是黃婆，有了黃婆，三炁才成一團。

3.以上的一團炁進入腹腔神經節（戊己兩土），而形成三種不同方向的陰陽炁。其中一種會進入規中（腸系膜上叢），然後到腸系膜間叢（正丹田）。腹腔神經叢節、規中、正丹田都位於黃道上，所以呂祖說：「**此時黃道會陰陽，火足數，藥方成，三鉛只得一鉛就。**」

以上的討論，修煉到了內丹田，內藥已形成了，再下去就是外藥了。我們著重健康，內藥如果能夠修煉完成，身體不但健康，更可以延年益壽！

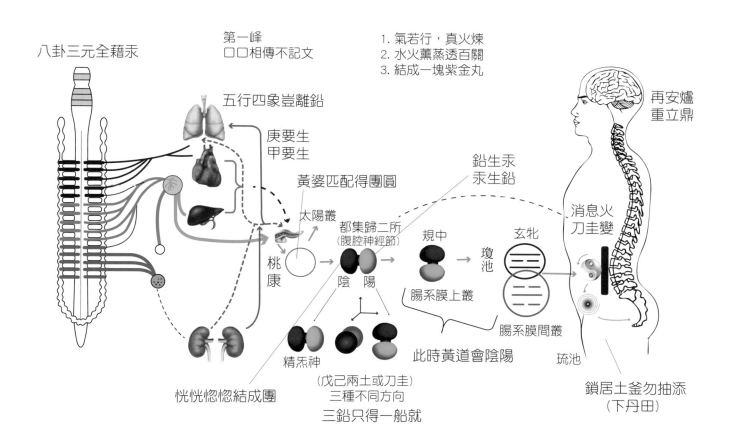

圖 2-12-1 《敲爻歌》局部圖解

2-13 《入藥鏡》瑣談

《參同契》說：「初正則終修，干立末可持。」所以要明白丹書的奧祕，才能煉丹修道，要身體健康亦然。

道書《入藥鏡》一篇短而精簡：

「先天炁，後天炁，得之者，常似醉。日有合，月有合，窮戊己，定庚甲。上鵲橋，下鵲橋，天應星，地應潮。調巽風，運坤火，入黃房，成至寶。水怕干，火怕寒，差毫髮，不成丹。鉛龍升，汞虎降，驅二物，勿縱放。產在坤，種在干，但至誠，法自然。盜天地，奪造化，攢五行，會八卦。水真水，火真火，水火交，永不老。水能流，火能焰，在身中，自可驗。是性命，非神氣，水鄉鉛，只一味，歸根竅，覆命根，貫尾閭，通泥丸。真橐籥，真鼎爐，無中有，有中無。托黃婆，媒妊女，輕輕地，默默舉。一日內，十二辰，意所到，皆可為。飲刀圭，窺天巧，辨朔望，知昏曉。識浮沉，明主客，要聚會，莫間隔。採藥時，調火功，受氣吉，防成凶。火候足，莫傷丹，天地靈，造化慳。初結胎，看本命，終脫胎，看四正。密密行，句句應。」

其中有三處對明白《入藥鏡》的訣竅是極重要的：「上鵲橋，下鵲橋」、「入黃房，成至寶」、「攢五行，會八卦」。

1.上鵲橋，下鵲橋

歷代對「鵲橋」有不同的解釋：

（1）上下鵲橋是內丹書中，人身上下兩個部位。內丹書認為，人們在出生後，任督兩脈已中斷，兩脈之間原銜接的地方，名之為「鵲橋」。（此段源自：wapbalike.baidu.com）

（2）「鵲橋」氣功內丹術術語，多意詞，指舌，又有上鵲橋和下鵲橋之說。上鵲橋在印堂、鼻竅處，一虛一實；下鵲橋在尾閭、谷道處，亦一虛一實。或謂上鵲橋指舌，下鵲橋指陰蹻穴。河車運轉時，要防止鵲橋走漏，引精炁順利循行。（此段源自：big5.wiki8.com）

註：以上所說的是出自《仙佛合宗的伍真人丹道九篇》，大藥過關時的描述。

（3）上鵲橋下鵲橋——內丹術語，《道海津梁》：「烏鵲真橋，架空飛度，乃牛郎織女相會之所，道通陰陽，亦如牛、女，不有斯橋，終成間隔。上鵲橋

者，天梯也；下鵲橋者，河符也。河符也。上鵲橋為斗樞之運用，配陰陽符水之具也。下鵲橋為天河水逆流人身之銀河，捧聖之用也。」見濟一子注《入藥靜》「上鵲橋，下鵲橋，天應星，地應湖。」（此段源自：道教.tw）

（4）清代濟一子又有以下的註釋：「烏鵲填橋，架空飛度，乃牛郎織女相會之所。道通陰陽，亦如牛女，不有斯橋，終成間隔。上鵲橋者天梯也，下鵲橋者河筏也。上橋為斗極之運用，配陰陽，符水火之具也。下橋為天河水逆流，人身之銀河，捧聖之用也。上通天關，下徹地底，星見於天，潮湧於地，造化現形，中存妙理。法天象地，無乎不至。」

（5）混然子注又有下面的一段：「人身夾脊，比天之銀河也。銀河阻隔，而有靈鵲作橋，故有鵲橋之說。人之舌亦言鵲橋也。凡作丹之時，以黃婆引嬰兒上昇泥丸，與奼女交會，名曰上鵲橋也。黃婆復徘徊，笑引嬰兒奼女同歸洞房，必從泥丸而降，故曰下鵲橋也。黃婆、嬰兒、奼女非真有也，乃譬喻之說，無出乎身心意三者而已。默運之功，內仗天罡幹運，外用斗柄推遷。起火之時，覺真氣騰騰上昇，如潮水之初起，直上逆流，故曰天應星、地應潮也。丹經云：工夫容易藥非遙，撥動天輪地應潮是也。」

以上鵲橋的解釋有點混亂，那麼誰是誰非呢？如果鵲橋是屬於牛郎織女的故事，那麼鵲橋與銀河是有關的。

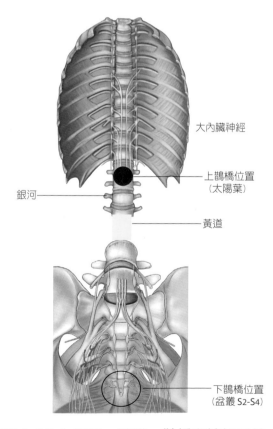

圖 2-13-1 銀河、黃道、鵲橋和神經系統

根據《修真圖》和我們的實習經驗，銀河應是體內脊椎骨兩旁的交感神經有關，又與華佗夾脊有連帶關係，所以我們認為古人說體內的銀河，就是體內的左右兩交感神經幹（圖 2-13-1），而上鵲橋的位置是太陽叢（腹腔神經叢），因為太陽叢是左右大內臟神經（T5-T9）交會處，而下鵲橋是盆叢的位置，這裡是左右副交感神經（S2，S3，S4）的連接處。上鵲橋和下鵲橋功用不同，所以濟一子說：「上鵲橋者天梯也，下鵲橋者河筏也。」

　　2.入黃房，成至寶

　　（1）濟一子的注解：

　　「起巽風，運坤火。入黃房，成至寶。陳希夷曰：『攸爾火輪煎地軸，愕然神奮出山巔，吹起巽風，逼動坤火，極力猛煉，方得鉛金出。鉛借火上升，當時只見有火，不見其藥，藥在火中，此即坎中之真陽，補還離中之真陰。三車搬運，逆上泥九，注入黃房，結就神室金胎，成無價之寶矣』。」

　　（2）混然子的另一種注釋：

　　「起巽風，運坤火。入黃房，成至寶。

　　作丹之法，乃鍊吾身中真鉛真汞也。鉛遇癸生之時，便當鼓動巽風，搧開爐鞴，運動坤宮之火，沉潛于下，抽出坎中之陽，去補離中之陰，成乾之象，復歸坤位而止，片餉之間，發火鍛鍊，鉛清汞潔，結成空無金胎，歷劫不壞，此所以入黃房成至寶也。

　　《度人經》云：『中理五炁，混合百神，十轉迴靈，萬炁齊仙。蕭廷之云：大藥三般精氣神，天然子母互相親，回風混合歸真體，煅鍊功夫日日新。是也』。」

　　我們認為黃房是煉炁和丹的地方，包括胰臟、太陽叢及其輔屬叢。另句話說，就是圖 2-13-2 的黃道地帶。

　　圖 2-13-3 和圖 2-13-4 是目前科學對銀河和黃道關係的認識，讓好奇讀者作參考。

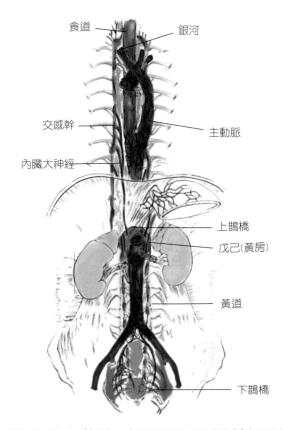

圖 2-13-2 黃道、銀河和主動脈及神經系統

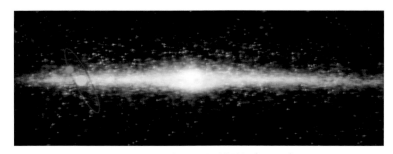

圖 2-13-3 銀河和黃道（60°）

3.攢五行，會八卦

這個問題，我們以前以討論過，正如混然子說：「五行分布，八卦環列。」圖2-13-5是攢五行和會八卦的圖解，如果炁不交不能入竅，不能入竅就不能煉成內丹。所以攢五行，炁進入胰臟，然後到戊土（腹腔神經節）和腹腔神經叢等等。

煉炁修道要練和要修才成，要有為然後進入無為，修煉要有法亦要有悟性。所以《悟真篇》說：「始於有作人難見，及至無為眾始知，但見無為為要妙，豈知有作是根基。」希望讀者去除己見，虛心去練。

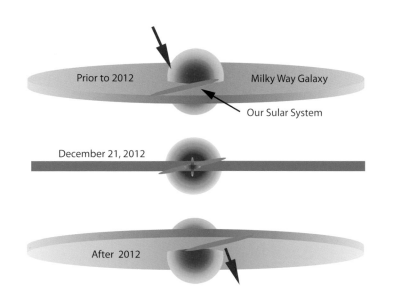

圖 2-13-4 銀河和黃道（不同時間座標）

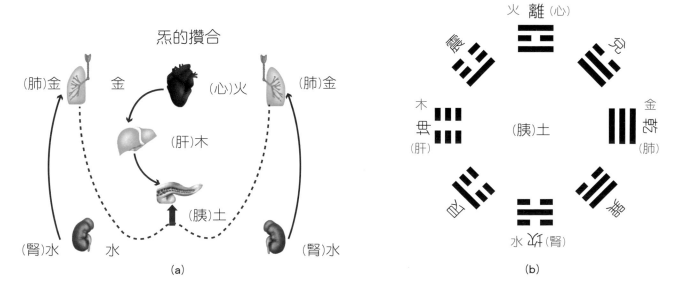

圖 2-13-5 攢五行、會八卦

2-14 《參同契》二所或一所

《參同契》的陰陽得其配章內有兩句：

「三五併為一分，都集歸二所」或「三五併為一分，都集歸一所」究竟是二還是一呢？

後蜀彭曉撰的《周易參同契真義》說：

「陰陽得其配分，淡泊而相守。青龍處房六分，春華震東卯。白虎在昂七分，秋芒兌西酉。朱雀在張二分，正陽離南午。三者俱來朝分，家屬為親侶。本之但二物分，末而為三五。三五併為一分，都集歸二所。治之如上科分，日數亦取甫。

陰陽得配，則金木淡泊相守也。青龍、白虎、朱雀，乃木金火三氣也，運入鼎中而為親侶。且藥基元只有金火二物，未成三五，三五為一者，木土水合內金火二物，共成變化也。所有修運日數，前篇已備釋矣。」

南宗朱子的周易《參同契》考異有：

「本之但二物分，末而為三五。三五并與一分，都集歸二所。治之如上科分，日數亦取甫。

二物謂陰陽，三五謂火金木，皆稟土氣也，并與一詳其文意興似當作為，二所取甫，皆未詳文義。」

元俞琰述《周易參同契發揮》又有以下一段：

「青龍處房六分，春華震東卯。白虎在昂七分，秋芒兌西酉；朱雀在張二分，正陽離南午。三者俱來朝分，家屬為親侶。本之但二物分，末乃為三五，三五併危一分，都集歸一所，治之如上科分，日數亦取甫。

之但二物分，末乃為三五，三五併危一分，都集歸一所者。推原其本，即是水火二物而已，二物應於鼎中，遂列為三五，三五即房六昂七張二也，三家相見，並而歸於危一，則結成嬰兒也。治之如上科分，日數亦取甫者，修煉大丹，當依上法度而行，迎一陽之候以進火，而妙用於虛危也。」

近代學者潘啟明教授在《周易參同契注釋》內亦是「都集歸一所」，而三民書局印行的《新譯周易參同契》則引用「都集歸二所」。元俞琰在《周易參同契釋疑》內做以下的批評：

「三五并危一分，都集歸一所，蓋謂房六昂七張二三方之氣，並北方危一，都會集而歸於一處也。中間極有造化，蓋南北張危，月也，東西房昂，日也，危一合房六，則為水之生成數，張二合昂七，則為火之生成數，房六在東，張二在

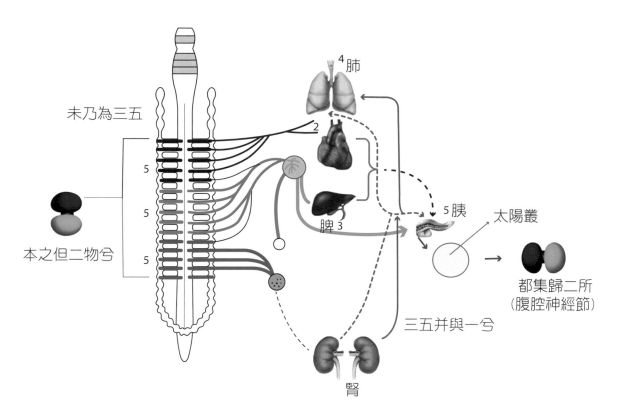

未乃為三五

本之但二物兮

太陽叢

都集歸二所
(腹腔神經節)

三五并與一兮

脾 3

5胰

肺 4

腎

圖 2-14-1 參同契

南，木火為侶，六與二合而成八，昴七在西，危一在北。金水合處，七與一合而成八，應二八一斤之數，所謂本之但二物者，此也。一本並危一作並為一，又一本作之與一，皆非是。一本一所作二所，亦非是。當知魏公之作是書，無一語不合造化，若以為三五之與一兮，都集歸二所，則造化何有哉？又況二所之說，尤其大謬，縱使果謂之二所，則當言分，不當言集，既謂之集，則當言一所，不當言二所也。」

在《參同契》內又有兩段如下：

「土王四季，羅絡使終，清赤白黑各居一方，皆稟中宮，戊己之功。」

「丹砂木精，得金乃并金水合處，木火為侶，四者混沌，列為龍虎，龍陽數奇，虎陰數偶，肝青為父，肺白為母，腎黑為子，離赤為女，脾黃為祖，三物一家，都歸戊己。」

以上所謂的一家，是青赤白黑和黃，三物一家都歸戊己，戊己是二，不是一。以前我們已經討論過三五的問題，三五就是自律神經，T1-T5 是火（木生火），T6-T10 是脾土（胰土），和 T11-L3 是金（水生金）。圖 2-14-1，我們從本之但二物（陰陽）兮開始，末乃為三五，三五并與一兮是黃色的圓圈（太陽叢部分），而又由太陽叢變為二所（腹腔上節）。所以，彭曉（後蜀）所記的都集歸二所，是對的，元俞琰在《周易參同契釋疑》說：「二所之說，由其大謬。」這是俞琰不明其

中奧祕之過。而朱子在修煉方面未到家，所以不能說一還是二，他的結論是「**火金木皆稟土氣也，并與一，詳其文意與似當為二所，取甫，皆未詳文義。**」朱子像有點中立的態度。

那麼我們的意見又如何呢？從圖 2-14-2（出自國外醫學文獻），我們可以看到，腎炁、肝炁和胰炁都進入腹部（太陽叢），大動脈上面的神經叢，在腹腔神經節下面，和腸系膜上叢節上面，這三（五）炁合一，成炁叢，在修煉結果，慢慢進入兩所（左右）腹腔神經節。

結論

三炁合為太陽叢（黃庭），而炁入二所，以後才可以結丹。

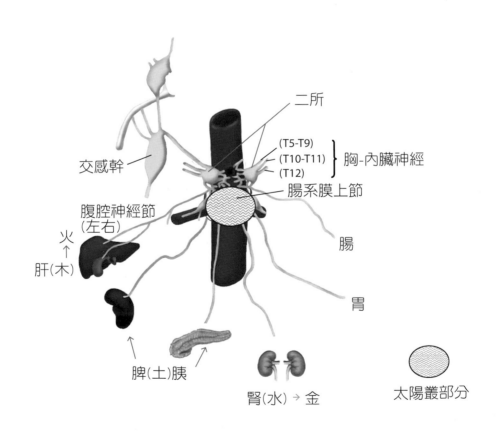

圖 2-14-2 三家合炁

2-15 戊己之功——《參同契》《悟真篇》

我們在〈二所或一所一文〉中已經討論過《參同契》的「本之但二物稀，末乃為三五，三五并與一分，都集歸二所，治之如上科分，目數亦取甫。」圖 2-15-1 是以上的賦的圖解。

圖 2-15-2 是太陽叢和二所（黃色）在身體的位置。

圖 2-15-3 是四庫全書內的納甲圖中宮的戊己二所圖。

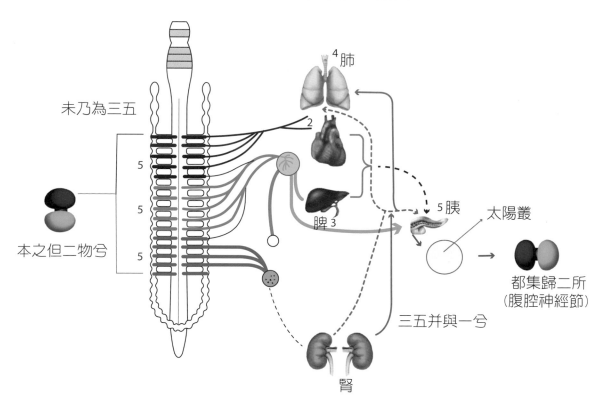

圖 2-15-1 參同契

最近，潘啟明教授認為：

「戊己即是意，意者憶也，成功的體會，存儲於記憶。所謂修煉，按《參同契》的說法，有三層函義：第一、思想歸零，第二、人格返真，第三、性命返童。」（panqiming.blog.hexun.com/_d.html）

而金谷散人談及仁義禮智又說：

「故修道者，必以『誠意立信為主，意誠信立，則道必彰，人心正。彼此和合，陰陽相應，先天之氣，自虛無中來，凝而為一粒黍珠』。」（tieba.baibu.com/p/927143354）

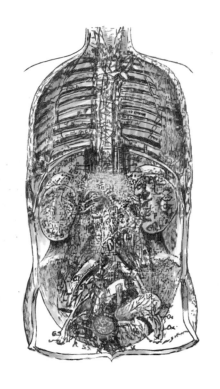

圖 2-15-2 太陽叢和二所
（黃色）在身體的位置

圖 2-15-3 納甲圖中宮的戊己二所圖

《參同契》正文是：

「坎戊月精，離己日光，日月為易，剛柔相當，土王四季，羅絡始終，青赤白黑，各居一方，皆稟中宮，戊己之功。」

圖 2-15-4 是以上《參同契》「戊己之功」的構圖。我們認為《參同契》所說的是功法，不是哲學。

《悟真篇》有兩首詩：

「離坎若還無戊己，雖含四象不成丹，只緣彼此懷真土，遂使金丹有返還」和「青龍黑虎各西東，四象交加戊己中，復始自知能應用，金丹誰道不成功。」

以上《悟真篇》所說和圖 2-15-4 不是功法嗎？

圖 2-15-5 是胰與戊土和己土的關係，所以己土是離是日是左腹腔經節，而戊土是坎是月是右腹腔神經節，練功和修養是讓三五之炁能進入這二個神經節。

所以戊己之功是謂功法而說，不是哲學。

青赤白黑，各居一方，皆稟中宮，戊己之功

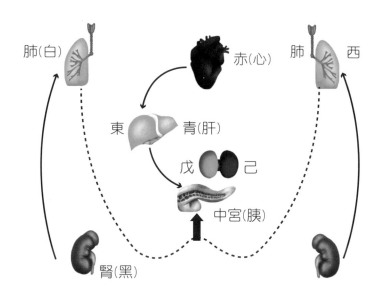

圖 2-15-4 戊己之功構圖

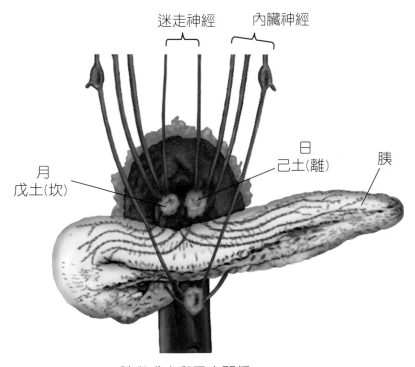

胰與戊土和己土關係

圖 2-15-5 胰與戊土和己土的關係

2-16 刀圭

關於「刀圭」這名詞見於《參同契》：

「擣治併合之，持入赤色門。固塞其際會，務令至完堅。炎火張於下，晝夜聲正勤。始文使可修，終竟武乃陳。候視加謹慎，審察調寒溫。周旋十二節，節盡更須親。氣索命將絕，休死亡魄魂。色轉更為紫，赫然成還丹。粉提以一九，刀圭最為神。」

和《悟真篇》：「敲竹喚龜吞玉芝，鼓琴招鳳飲刀圭。邇來透體金光現，不與凡人話此規。」

歷代學者對「刀圭」這名詞都有分歧的意見。近期在網上有刀圭一文，其文章來源不詳，而作者又佚名：

刀圭，原是古代的藥物度量單位。刀，指古代錢幣，形狀如刀，又稱刀幣。圭，在古代指重量而言，十粟重為一圭，十圭重為一株，三百八十四株為十六兩（即過去的一斤）；在古代容量而言，六粟為一圭，十圭為一撮。刀圭原為古人量取藥物的用具，又稱為方寸匕，今人則用藥匙。《政和證類本草》引用南朝梁陶弘景《名醫別錄》：「凡散藥有云刀圭者，十分方寸匕之一，準如梧桐子大也。方寸匕者，作匕正方一寸，抄散取不落為度。」明董谷《碧裡雜存》上「刀圭」：「前在京師買得古錯刀三枚，京師人謂之長錢。……其錢形正似今之剃刀，其上一圈正似圭璧之形，中一孔即貫索之處。蓋服食家舉刀取藥，僅滿其上之圭，故謂之刀圭，言其少耳。」這裡所說的服食家，即指道家的外丹服食者。刀圭最初用於外丹，以說明藥物取量，又以量少喻其珍貴。以後引申進入內丹，是說水火二炁，會聚於中宮丹田。中宮為脾屬土，真水聚此為己土，真火聚此為戊土，陰陽二土合而為圭。水火二炁配合之後，產生先天之炁，先天之炁發生之時，其量雖少，而極精極妙，效力無比。可以點化全身，脫胎換骨。《金藥祕訣》曰：「刀圭者，乃刀頭圭角，些子而已。」

在網上有一文如下：

修真中的飲刀圭——

根據天干配五行，戊己為土，戊為陽土，己為陰土，道家據此，將戊土和己土的兩「土」字，合併而成「圭」字，又取「戊」字的一撇和「己」字的一折，和而成「刀」字，故又稱中宮為刀圭，稱吞津液，取坎添離為不同修真階段的飲刀圭。《性急圭旨》云「原夫龍之情性，常在於戊，虎之情性，常在於己，只緣彼此各有土氣，而成刀圭。」

《崔公入藥鏡註解》：「飲刀圭，窺天竅，辯塑望，知昏曉。」

呂洞賓《沁園春．七返還丹》：「當時自飲刀圭，又誰信無中養就兒。」

註：來源taoyuanjk.com

又在道家養生著作的《天元入藥鏡》（2014／04／10）：

「……《飲刀圭，窺天巧，辨朔望，知昏曉。》真水真火歸於中官，皆有中和土性，故為二土，二土為「圭」。刀喻慧劍，慧劍喻二目，二目為意之所發，乃指真意。真意所到，水火交合於中官，產出真陽之炁，升於乾頂，化為甘露降下，謂之飲刀圭。內丹之道師法自然，合於天地，直通造化根源，故為窺天巧。朔望、昏曉之時，皆有陰陽感合之機，修道之士須辨之識之，以合天地之道。」

註：來源：丹心論壇 www.danxin.net

又近期郭明志先生在〈刀圭與西遊記人物的別名代稱〉有以下數段：

「十二樓台藏祕訣，五千言內隱玄關。方知鼎峙神仙藥，乞取刀圭一粒看。」這些詩中的「刀圭」都不是器具義，也不是指藥量，所指的就是道教的丹藥。魏晉以降，及至唐代，盛行煉丹服食的風習，士大夫文人多與道士交往，煉丹服食在詩文中多有反映，「刀圭」也就成了這類詩文作品中最常見的文化符號。

道教煉丹，包括外丹和內丹。內丹家以人體為修煉的爐鼎，以體內的精、氣、神為修煉對象，循行一定的經絡，經過「煉精化氣，煉氣化神，煉神還虛」的步聚，而「自然凝結」，煉成「形如黍米之大」的金丹，即內丹。內丹多借用外丹術語，因此指外丹丹藥的「刀圭」，又成為內丹術語，而有內丹義。如白居易《同微之贈別郭虛舟煉師五十韻》中，曾描寫他初學內丹修煉時的體驗：

二物正合，厥狀何怪奇！絪縹夫婦體，狎獵魚龍姿。簡寂館鐘後，紫霄峰曉時。心塵未潔淨，火候遂參差。萬壽覿刀圭，千功失毫釐。先生彈指起，姹女隨煙飛。始知緣會間，陰隙不可移。

詩中「二物」指內丹修煉中的陰陽二氣。這裡的「刀圭」是借用藥物義而喻指「二氣合成一粒丹」的金丹，已不是外丹的丹藥了。這在道教詩詞中更為常見。如唐代呂岩《路鉛》：「二氣結成一粒丹，更去何處覓神仙。

元代陳致虛釋曰：「故以鉛投汞，即流戊就己之義也。言戊土與己土一處相交，則金花自結，卻吞入腹中，此為飲刀圭也。刀者，乃戊土中之鉛也；圭者，乃戊己二土合為一圭也。」從五行的方位講，中央的五行屬土；從天干與五行相

配講，土的天干為戊己。《呂氏春秋》中已體現這種觀念：中央土，其曰戊己。

由於戊土居坎位，己土居離位，戊土與己土又存在着差異。戊土生金，金氣發旺而相胥，己土為木克，則必先煉己。煉己既熟，方能戊己相合。戊己相合，則金木會。金木會，則龍虎交，龍虎交，則三五合一。三五合一，在內丹學叫做「三家相見」。三家相見，才能鉛汞交結，結成大丹。這就是內丹原理中土與刀圭的作用。

又在《太極道訣》的「張三丰大道指要」內有〈附：三丰先生輯說〉一篇：

「愚按作丹之士，欲使四象攢簇，必令五行相轄，其所謂『戊已中』者，不是離中、坎中。乃是中宮、中央也。東西間隔，刀圭合之，二物變為四象，四象圍入一村，一村聚會五行。五行聚而丹乃結。……丹家以『戊己』為『刀』、『二土』為『圭』者，結字肖形，正示人以打合之意。但二土為圭，人所共知；戊己為刀，人所鮮知者。潛虛云：有一士人，會意而解，『』（音捏）字、『丿』（音撇）『戊』字。前無所本，似為得之。

涵虛云：非無本也。琴譜以數字攢一字，一字取一畫，合左右投彈之法，備見於一字之中，此　以琴譜為本者也。『』者『己』之頭，『丿』者『戊』之旁，戊己二土，以『刀圭』兩字合之，蓋望人將離己坎戊之二土合為一處也。仙家隱語，往往如是。」

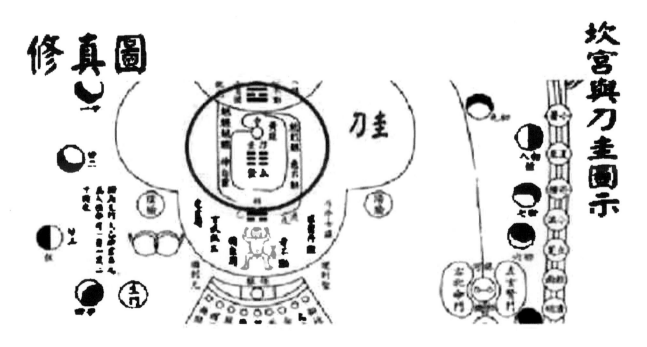

圖 2-16-1 修真圖

刀圭是取藥工具，已無可否認，兩、三年前，清華大學又有一件漢代的刀圭展（圖 2-16-2）。這證明刀圭真的存在，又證明魏公在《參同契》用「刀圭」作內丹名詞用，一定有他的用意。

圖 2-16-2 刀圭展

圖 2-16-3 是我們對胰臟和腹腔神經節（左右）的構圖，我們認為刀圭這青銅器像刀又像禮器的圭。所以，胰臟形像刀圭，而（左右）腹腔神經節是土，左土和右土疊起來又是圭，所以魏公研究內丹用刀圭來代表脾和左右腹腔神經節是最好不過的。

古人用隱話，但其用心是對的，在封建社會，直言直說，許多時候會帶來橫禍，人大多是自私自己，奸人禍害是避不了的。

Normal Pancreas

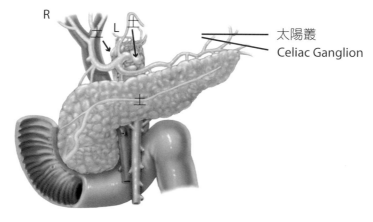

太陽叢
Celiac Ganglion

Dao Gui 刀圭

圖 2-16-3 刀圭與器官

2-17 《參同契》規中

《悟真篇》有：

「道自虛無生一氣，便從一氣產陰陽，陰陽再合成三體，三體重生萬物昌」和「震龍汞出自離鄉，兌虎鉛生在坎方，二物總因兒產母，五行全要入中央。」

以上前一篇是萬物生，後一篇是還原。圖 2-17-1 黃色是《參同契》左右二所，又是戊己土，又是坎離，所以這兩所或坎離要合一才能還原，戊己土是腹腔（左，右）神經節，在左右腹腹腔（Celiac Ganglion）神經之下是腸系膜上叢（Superior mesenteric ganglion——橙紅色），注意，從這橙紅色地帶可以用圓規畫一圓圈，這圓圈剛好包括兩腎在內（綠色地帶）。

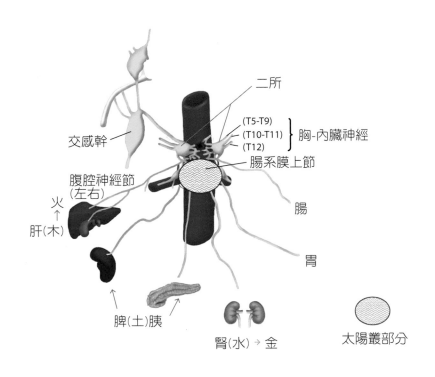

圖 2-17-1 交感幹和其神經叢和節

在未進一步討論前，我們先在《參同契》內抽出三段契文和其歷代註解如下：

耳目口三寶，閉塞勿發通，真人潛深淵，浮游守規中，旋曲以視聽，開闔皆合同，為己之樞轄，動靜不同竭窮。（圖 2-17-2）

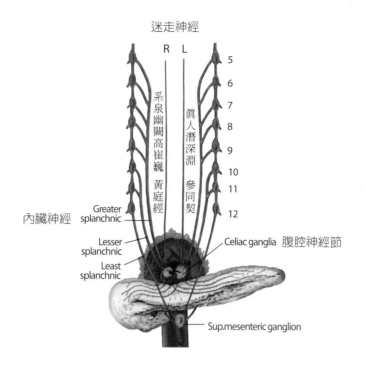

迷走神經

R L

5
6
7
8
9
10
11
12

系泉幽關高崔巍　黃庭經

眞人潛深淵　參同契

內臟神經

Greater splanchnic
Lesser splanchnic
Least splanchnic

Celiac ganglia 腹腔神經節

Sup.mesenteric ganglion

圖 2-17-2 真人潛深淵

　　補註：此章言性命雙修之道。釋經文引內養性，配以伏食也。前二節，即所以內以養己，安靜虛無，原本隱明，內照形軀也。○前章言三物相含受，則真氣已入於中宮，從此當護持三寶，無使發洩，蓋外之耳目口，實通於內之精神氣，而為三寶也。閉塞耳關，則精聚於中；閉塞目關，則神斂於中；閉塞口關，則氣會於中。正以規中，乃真人深潛之所，當守其浮游之氣也。旋曲視聽者，抱一無舍，呼吸綿綿，其一開一闔，嘗與真人合同而居也。能合同，則可為己之樞轄，而動靜不失其時矣。動者行火，靜者凝神。○經云：真人至妙，彷彿大淵。真人原在坎宮，傳雲真人潛深淵，浮游守規中。真人迎入離宮矣。○陸註：指直人為真一之氣是也。但以規中為產藥之處，以浮游為爻動之時，以旋曲視聽為守候而偵察之，蓋謂持三寶，將以臨爐採藥也。說來轉折太多，不如直主得藥之謹後言。○浮游守規中，守此浮游之氣於規中，即下文所謂順鴻濛蒙也。旋曲視聽，謂三寶皆內用耳。樞轄者，如戶之有樞，車之有轄，能關東而鈐制之也。動靜不竭窮者，內煉外交，朝朝暮暮，循環而不已也。○陸註：《陰符經》云：九竅之邪，在乎三要。三要即三寶。戊土能制己土，故曰樞轄。己謂己土，而戊土者，即深淵之真人。」

　　旁有垣關，狀似蓬壺。環匝關閉，四通蹢躅。守禦密固，閼絕奸邪。曲閣相通，以戒不虞。此條舊在巍巍尊高之下。（圖 2-17-3，圖 2-17-4）

補註：此言養鼎為求藥之地；鼎中藥候，按期而至，但恐行不順軌，以致真氣損虧，故須慎密以防之。丹室之旁，別營垣闕。丹房調鼎處也，既嚴關鍵，又謹守禦，所以杜同室之情竇。壺室之間，連延曲閣，所以備外侮之生心。李云：此即前章管括微密之意。蓬壺乃仙島，喻丹室之屹然中立耳。四通踟躕，凡隙穴相通處，皆須顧慮也。舊指垣闕為神室。夫神室止一下田，安有旁設者？或將蓬壺垣闕，比乾坤門戶，與下曲閣不符。或以垣闕曲閣，比八門九竅，意反涉於懸空。以戒不虞，見萃卦象傳，言當提防心意也。

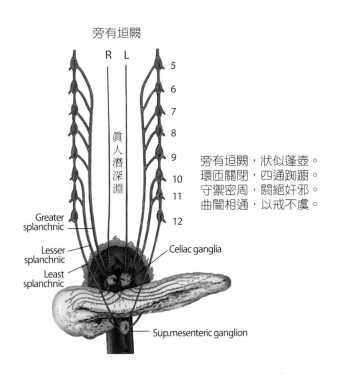

圖 2-17-3 《參同契》圖解

旁有垣闕，狀似蓬壺。
環匝關閉，四通踟躕。
守禦密周，闕絕奸邪。
曲閣相通，以戒不虞。

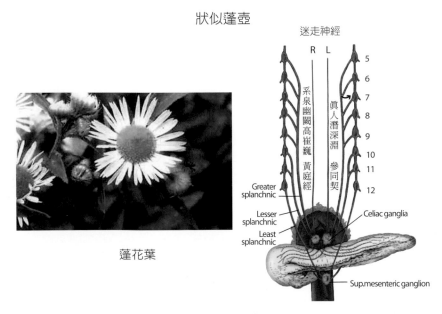

圖 2-17-4 《參同契》圖解

性主處內，立置鄞鄂，情主營外，築完城郭，城郭完全，人物乃安，受執之時，情合乾坤。

　　補註：此見煉已為採藥之本。言魂魄而及性情者，魂魄屬兩家，性情在一身，若欲魂往朝魄，先要性能攝情。必煉已純熟，常靜常應，斯陰陽可與交會矣。陸註，惟其魂為魄之室也，故須內定其性，惟其魄為魂之宅也，故須外接以情，性處乎內者。安靜虛無，以養元神，立先天也，故曰立置鄞鄂。情營乎外者，關鍵三寶，以裕精氣，修後天也，故曰築完成郭。惟城郭完全，而人物安矣。然後可以配合乾坤，而行採藥之功。上陽註：性主實精物內，情主伏氣於外。○陶註：此條性情就初關言，性至靜，立鄞鄂者，養性存神，憑玄牝以立根基也。情主動，築城郭者，保精裕氣，借藥物而固根基也。城郭完全，人物乃安者，築基須進氣，採藥煉已則烹汞成砂，國富民安，身心寂不動也。煉已之要，歸重情主營外一邊，故曰情合乾坤。又云營外之功，須一剛一柔，三年無間，斯時內藥堅凝，方可交合而行還丹之術。即道家養生《悟真》所云：民安國富方求戰也。補註：性情有指兩家言者，推情合性，金木之辨也。有就一身言者，性內情外，動靜之分也。○鄞鄂，經傳兩見。經言鄞鄂以元神之主宰為命脈，傳言鄞鄂以真氣之交結為命根。故陸氏解為命蒂。但字義須考來歷，鄂與萼同，承花之蒂。毛詩「鄂不可證。鄞與堇同，乾汞靈草，產於鄞邑之赤堇山。魏公上虞人，地接四明，當是親見此草，而筆之於書。」

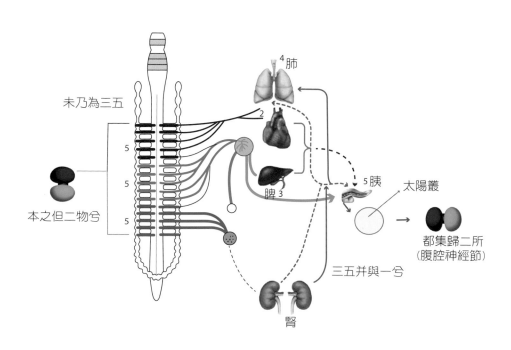

圖 2-17-5 《參同契》規中

從以上討論已明白，戊己土的來由，這裡是二炁，那麼這二炁會合一嗎？如果有素修煉者明白張伯端的《金丹四百字序》內所說的攢簇五行和合四象和五氣朝元等，那麼戊己土的兩炁便會合而為一，而由腹腔神經節（戊己兩土）遷移到腸系膜上叢。（圖2-17-5）

　　《黃庭經》說：「鄉泉幽闕高崔巍。」而《參同契》又說：「**真人潛深淵，浮游守規中。**」從圖看腸系膜上叢，這神經叢不是像真人潛深淵嗎？我們認為這腸系膜上叢就是古人所說的規中，因為從規中可以劃一圓（規）形，而這圓形可包括兩腎在圓規形內，這是古人內視而得的智慧嗎？這不是可以說是浮守規中嗎？（圖2-17-6，圖2-17-7）

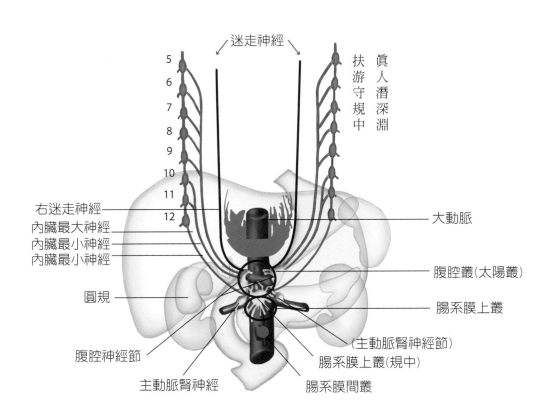

圖 2-17-6 規中

　　另外圖2-17-3又可以看到《參同契》說：

「旁有垣闕，狀似蓬壺（圖四像柳葉嗎？）。環匝關閉，四通踟躕。」又

「築完城郭，城郭完全，人物乃安。」

　　如果戊己土是坎離代表，那麼腹腔神經節就是坎代表，那麼《悟真篇》所述的：「取將坎位中心實，點化離宮腹裡陰，從些變成乾卦體，潛藏飛躍總由

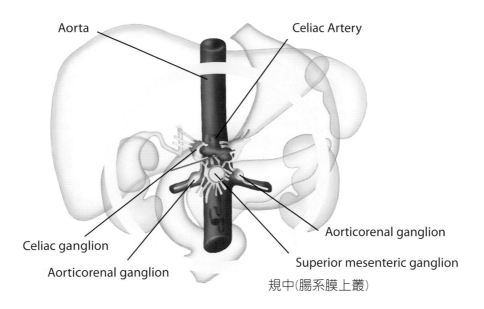

規中(腸系膜上叢)

圖 2-17-7 規中

心。」這就是說腸系膜上神經節（規中）就是乾卦體了。古人言語的智慧和隱藏是何等巧妙呢？

元陳虛白撰的《規中指南》是我的妙訣名曰規中，所以守一子識如下：

「嘗考人之一身，心腎相去八寸二分，心以下三寸六分屬陽，腎以上三寸六分屬陰，中間一寸乃水火交媾之處，名曰規中。」

以上所說，就是見人見智，讀者自勉。

2-18 玄牝命門再述

命門和玄牝等都在腰脊第二節處，但玄牝是出自《老子》：「谷神不死，是謂玄牝，玄牝之門，是謂天地根。」

在《悟真篇》有下面的說法：「要得谷神長不死，需凭元牝立根基」及「元牝之門世罕知」。

以前，我們又討論過命門的重要，命門主生殖，人身之元氣，調節全身臟腑經絡，所以為五臟六腑之本，十二經脈之根，又是呼吸之門。

從我們對刀圭和規中的見解，我們認為玄牝的位置是腸系膜間叢（intermesenteric plexus）。（圖 2-18-1、圖 2-18-2）

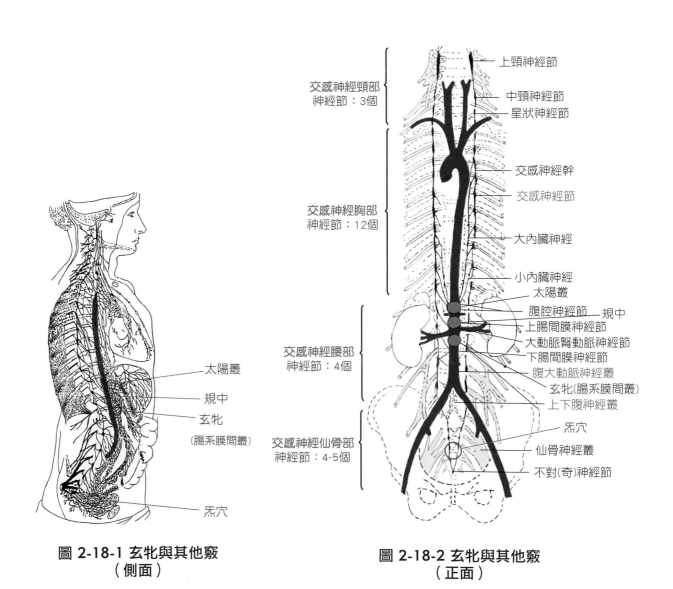

圖 2-18-1 玄牝與其他竅（側面）

太陽叢
規中
玄牝
（腸系膜間叢）
炁穴

圖 2-18-2 玄牝與其他竅（正面）

交感神經頸部
神經節：3個

上頸神經節
中頸神經節
星狀神經節

交感神經胸部
神經節：12個

交感神經幹
交感神經節
大內臟神經
小內臟神經
太陽叢
腹腔神經節 — 規中
上腸間膜神經節
大動脈腎動脈神經節
下腸間膜神經節
腹大動脈神經叢
玄牝（腸系膜間叢）
上下腹神經叢

交感神經腰部
神經節：4個

交感神經仙骨部
神經節：4~5個

炁穴
仙骨神經叢
不對(奇)神經節

翕聚祖竅

這個竅前人少說，這是一個很重要的竅，歷代人只當它是一個竅，前人分不開黃庭、規中和祖竅，這三個竅亦是本文的重點。本文用古典、神經系統、解剖學和生理學來解釋三個竅的存在（圖 2-18-1、圖 2-18-2）。現在，我們先來談談《生命圭旨》所說如下：

「第二口訣

安神祖竅翕聚先天竅真際，舉世罕知，不得師傳，儼似暗中射垛。蓋祖竅者，乃老子所謂玄牝之門也。《悟真篇》云：『要得谷神長不死，須憑玄牝立根基。』所以紫陽言『修煉金丹全在玄牝。』《金丹四百字序》云：『玄牝一竅，而採取在此，交媾在此，烹煉在此，沐浴在此，溫養在此，結胎在此，至於脫胎神化，無不在此。修煉之士，誠能知此一竅，則金丹之道盡矣，所謂得一而萬事畢者是也。』

然丹經大都喻言，使學者無所歸者。

然此竅在身中求之。

純陽祖師云：『玄牝玄牝真玄牝，不在心兮不在腎。窮取生身受氣初，莫怪天機都洩盡。』

《參同契》云：『人所稟軀，體本一無，元精雲布，因炁托初。』炁一凝定，玄牝立焉。上結靈關，下結氣海。靈關藏覺靈性，氣海藏於生氣命。性命雖分龍虎二弦，而性命之根，則總持於祖竅之內。

故老子曰：『玄牝之門，是謂天地根。』《道德經》曰：『多言數窮，不如守中。』」

為什麼腸系膜間叢這麼重要呢？

1. 腸系膜間叢是在黃道上，黃道就是在 T5-T12 或 L1，L2 之間，而是在大動脈上。（圖 2-18-1、圖 2-18-2）
2. 腸系膜間叢是刀圭（太陽叢或腹腔神經叢或節）和氣穴（Pelvic Plexus——盆腔神經叢等）的連接通道。（圖 2-18-6）
3. 黃道是由胸內臟神經（T5-T12）和腹部內臟神經等組成，所以腸系膜間叢是黃道的一部分。
4. 這個竅亦在幽門平面。（圖 2-18-3）

5. 這竅的地方在胚胎時，原始生殖細胞從這裡進入生殖腺脊，最近文獻證明胚胎時，原始生殖細胞（幹細胞）在神經纖維和許旺細胞行走或移動。（圖 2-18-4）

6. 這竅和脊椎內的脊髓圓錐是同一平面，這脊髓圓錐和胚胎原結又有密切關係。（圖 2-18-5）

7. 這竅 L2 和生殖器官有關，所以古書有說，這裡是「藏精之府，業則歸根也。」道家說順則成人，逆則成仙。（圖 2-18-6）

近代科學研究有以下的一段：

「夜間陰莖勃起現象是發生於快速睡眠（REM）的時間，用正子掃描，發現在這個時候腦橋、腦扁桃核和前帶狀的活動增加，而前額皮層和頂葉皮層的活動減低。這樣，側向項目的膽鹼神經元活躍起來，而中腦中縫中的羥色胺能神經元，和藍班核的交感神經的腎上腺素能神經元都不存在。這種不平衡現象，引起副交感神經的膽鹼神經元活躍起來，這樣而引起陰莖勃起現象。再者，平常陰莖的勃起是受 S2-S4 的副交感神經控制，而射精是受交感神經直接影響的。」

以上所說是玄牝（命門）和炁穴（S2-S4）相互相成作用。所以這竅與生殖和原始細胞有關，這竅在返本還元有重要的地位。可惜今人以任督為主，而忘掉這竅的重要性，這竅在第二河車是最重要的。

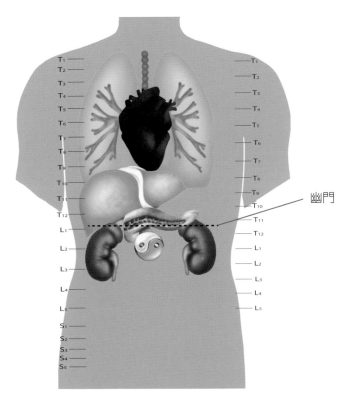

圖 2-18-3 幽門位置

90

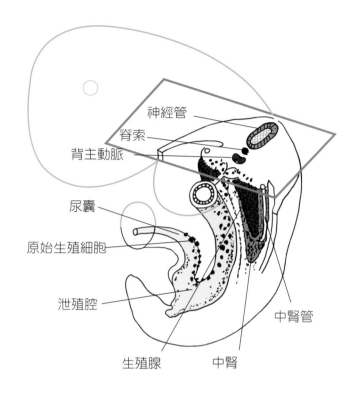

圖 2-18-4 原始生殖細胞在胚胎的移動

　　圖 2-18-7 是第一和第二河車（玉液）的途徑，第一河車和第二河車的炁，都是從八髎穴進入。第一河車的炁是在脊髓的表面，而第二河車的炁是在脊髓裡。第一河車的炁進入腦中的第三腦室，而從十二重樓的任脈回到丹田。第二河車的炁是進入腦的第三室上面，與眼有聯帶關切；炁從腦部分左右進入頸部交感神經，下經胸部和腰交感神經進入黃道（不分左右），然後左右炁脈入盆部再聯結在一起，再進入八髎穴，周而復始。

　　註：英文來源http://www.ncbi.nlm.nih.gov，Urol clin north Am. Nov 2005（by Robert C. Dean, MD and Tom F. Lue, MD）

PET scanning of humans in REM sleep show increased activity in the pontine area, the amygdalas and the anterior cingulate gyrus but decreased activity in the prefrontal and parietal cortex. The mechanism that triggers REM sleep is located in the pontine reticular formation. During REM sleep, the cholinergic neurons in the lateral pontine tegmentum are activated while the adrenergic neurons in the locus ceruleus and the serontonergic neurons in the midbrain raphe are silent. This differential activation may be responsible for the nocturnal erections during REM

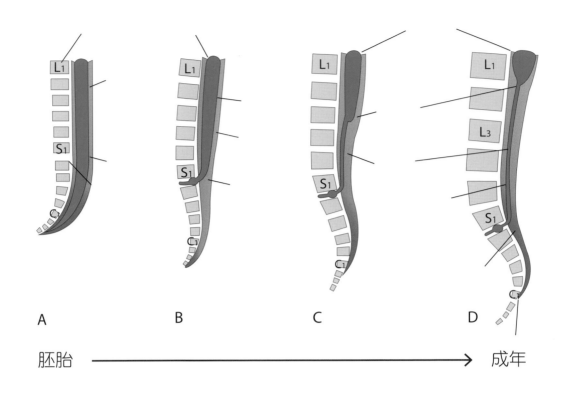

A   B   C   D

胚胎   →   成年

圖 2-18-5 脊髓圓椎的移動和成長

sleep.

8.玄牝（在命門第二腰脊的大動脈上），就是腸系膜間叢，這神經叢是純交感神經纖維而沒有副交感神經，所以是適合練丹的竅。

在第二河車階段（圖2-18-8），炁進入兩戊土（刀圭——腹腔左右神經叢），這兩炁是左右分（平面），而炁到規中，是上下的，炁在上下位置才能像太極般旋轉，這樣旋轉，我們稱它離，而炁從炁穴上升，我們稱它為坎。所以凝神入炁穴，就是讓炁（坎）上升和炁（離）交於玄牝，是開始結丹延年的地方，所以凝神炁穴就是翕聚祖竅的祕訣了。

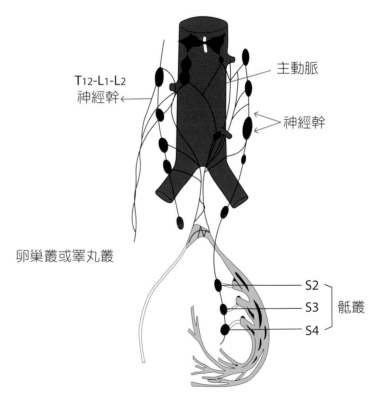

圖 2-18-6 命門與生殖器官關係

尾脊骨途徑
（小周天和玉液還丹）

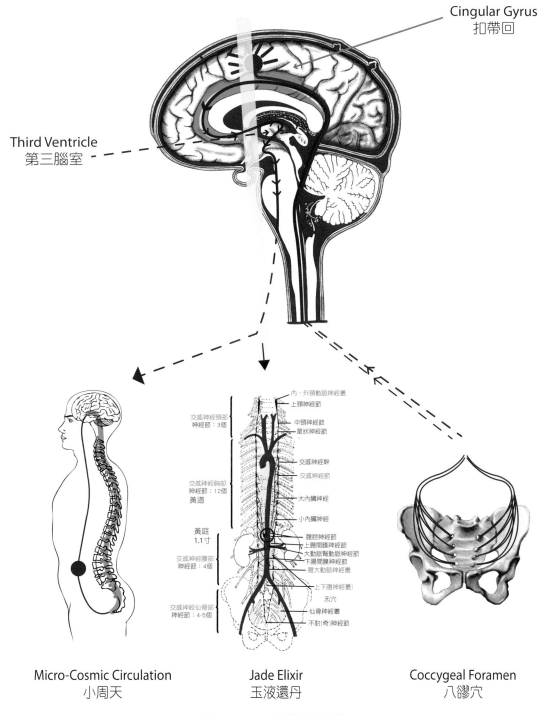

Cingular Gyrus
扣帶回

Third Ventricle
第三腦室

內、外頸動脈神經叢
上頸神經節
交感神經頸部
神經節：3個
中頸神經節
星狀神經節
交感神經幹
交感神經節
交感神經胸部
神經節：12個
黃道
大內臟神經
小內臟神經
黃庭
1.1寸
腹腔神經節
上腸間膜動脈神經節
大動脈腎動脈神經節
下腸間膜神經節
交感神經腰部
神經節：4個
腹大動脈神經叢
上下腹神經叢）
禾穴
交感神經仙骨部
神經節：4-5個
仙骨神經叢
不對(奇)神經節

Micro-Cosmic Circulation
小周天

Jade Elixir
玉液還丹

Coccygeal Foramen
八髎穴

圖 2-18-7 尾脊骨途徑

註：近期在網上，有讀者對我們所說的黃道有其見解，在修煉上，我們認為古人所說的黃道，是現代人所認識的內臟神經系統，這是修煉的一種途徑，如果修煉者一但入竅，亦不再用談內臟神經系統了。

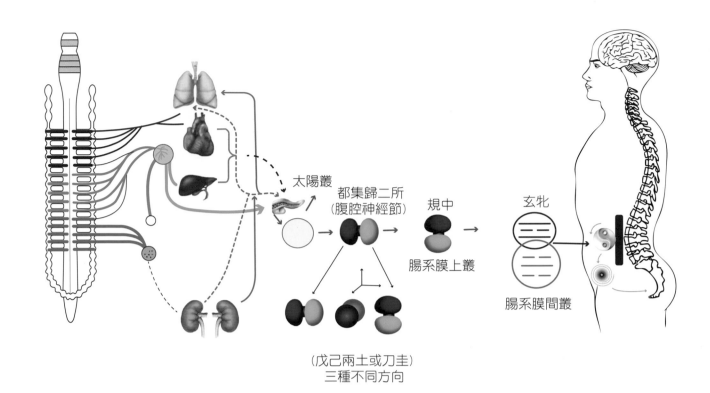

太陽叢

都集歸二所
（腹腔神經節）

規中

玄牝

腸系膜上叢

（戊己兩土或刀圭）
三種不同方向

腸系膜間叢

圖 2-18-8 玉液還丹的程驟

2-19 《參同契》偃月爐

偃月爐的討論文獻有很多，其起源於《參同契》內的「偃月法爐鼎」，《悟真篇》亦有二首詩，其句如下：

「休泥丹灶費功夫，煉藥須尋偃月爐。自有天然真火候，不須柴炭及吹噓。」「偃月爐中玉蕊生，硃砂鼎內水銀平。只因火力調合後，種得黃芽漸長成。」

在張三豐內的《無樹根》詩又說：

「無根樹，花正開，偃月爐中摘下來。延年壽，滅病災，好接良朋備法財。從茲可成天上寶，一任群迷笑我呆。勸賢才，休賣乖，不遇名師莫強猜。」

元陳致虛撰的《金丹大要》內有偃月爐一詩，如下：

「笑你安名偃月爐，天公造物與為徒。鬼神不敢抬頭覷，萬聖千賢出此途。笑你安名偃月爐，爐中甘露勝醍醐。試將一滴若吞了，似蜜如餳和酪酥。笑你安名偃月爐，先天一氣自虛無。粵從太極既分後，卻喚硃砂作丈夫。笑你安名偃月爐，金丹只此莫他圖。愛河風靜那邊看，方見摩尼一顆珠。笑你安名偃月爐，聖人思議費功夫；其中一件長生藥，不與凡人說有無。」

而《性命圭旨》內有「大小鼎爐說」抄錄於下：「笑汝安名偃月爐，聖人思議費功夫，其中一味長生藥，不與凡人話有無，笑汝安名偃月爐，金丹只此莫他圖。」

書內對小爐鼎又有以下的一段：

「凡修金液大丹，必先安爐立鼎。鼎之為器，非金非鐵，爐之非具，非玉非石。黃庭為鼎，氣穴為爐。黃庭正在氣穴上，縷絡相連，乃人身百脈交會之處。鼎卦曰：正位凝命是也。此謂之小鼎爐也。」

以上說黃庭為鼎氣穴為爐，只限於小爐鼎而以。還是玉液還丹的階段，只是取坎中之陽填補離中之陰是也，那麼偃月爐是什麼呢？我們認為是在上腹下叢（Superior hypogastric plexus）和下腹下叢之間，古代有沒有同樣位置的啟示呢？

薛道光先生在《悟真篇注》有以下兩段對偃月爐的見解：

「『休泥丹灶費工夫，煉藥須尋偃月爐。自有天然真火育，何須柴炭及吹噓。』註：葉文叔指兩腎中間為偃月爐，謬哉！亦有指為兩眼者，靡肯自思已錯，更教錯路教人，何不揣之甚耶！此爐之口仰開如偃月之狀，故謂之偃月爐，即北海也。元始之祖氣存焉、內有自然真火，何假柴炭吹噓之耶！

『偃月爐中玉蕊生，硃砂鼎內水銀平。只因火力調和後，種得黃芽漸長成。』註：偃月爐者，陰爐也，中有玉蕊之陽氣，虎之弦氣也；硃砂鼎者、陽鼎

也，中有水銀之陰氣，即龍之弦氣也。金丹只因此二弦之氣調停和合之力，種得真一之芽，長在黃家，結成黍珠也。」

　　註：「三田」為心位（南海），中宮（黃海）和腎位（北海）。

　　薛師祖所說：「偃月爐，即北海也。」這不是下丹田的位置嗎？

　　註：陳致虛《悟真篇注》亦有同樣意見。

　　從圖 2-19-1 我們可以看到偃月爐（下腹下神經叢）是很重要的，如果沒有它，炁就不能從規中下降到下丹田或炁海，因為玉液的階段，炁要進入神經節或叢才能作結丹的步驟；沒有偃月爐，炁（玉液）就不能下降到炁海，而炁又不能從炁海上升回黃道（黃海）。（圖 2-19-2）
　　炁要周而復始，丹要慢慢結，才能進入金液還丹或乾坤相交階段，世上又有多少人能做成呢？

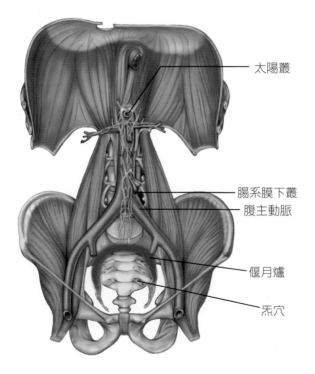

圖 2-19-1 偃月爐和炁穴

太陽叢
腸系膜下叢
腹主動脈
偃月爐
炁穴

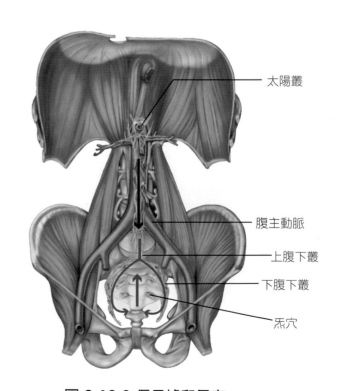

圖 2-19-2 偃月爐和炁穴

太陽叢
腹主動脈
上腹下叢
下腹下叢
炁穴

2-20 炁穴與華池
（性命圭旨和如是我聞......）

「炁穴」的名詞，歷代各家各有不同的說法，在這混亂之中，有二書對「炁穴」提出了以下見解。

第一是趙避塵的《性命法訣明指》有以下二段：

「翕聚蟄藏祖炁中，真人呼吸裡邊存。

竅內有竅名橐籥，息往息來神入中。此蟄藏之法是將祖竅前翕聚那一點陽神炁收歸於炁穴之內，名為凝神入炁穴。

此炁穴有內外兩竅：外竅為陰陽之源、神氣之宅、胎息之根、呼吸之祖；內竅者，長胎住息之所，入大定之室。內呼息上不過心，下不過腎。久而久之，真息入竅，忽然大定得矣。」

「千峯老人答曰：凝火者，是凝神入於炁穴也。丹經云：昔日逢師傳口訣，只教凝神入炁穴。凝神者，是兩眼歸併一處，二目如炬，此為凝神，又為反觀，又為日月合併，返回父母未生前。人在母腹中，兩眼和合，性命合一。降生後，性命分開。凝火者，將兩眼歸併一處，下視炁穴。炁穴者，即命門也，正在脊骨第七節之下，臍後腎前，前七後三。兩腎中間，空懸一穴，上通泥丸，下貫湧泉，為先天大道之祖。故曰：『此竅非凡竅，乾坤共合成。』名為神炁穴，內有坎離精。中國醫家曰命門，道曰炁穴，解剖學曰春弦。我師了空曰：『血液至此，化為陰精，下通外腎睪丸宮。』」

第二是《新譯性命圭旨》第三節口訣——蟄藏炁穴眾妙歸根：

「此節言蟄藏，則深根固蒂之口訣。翕聚蟄藏，相為表裡，非翕聚則不能發散，非蟄藏亦不能發生，是此二節一貫而下，兩不相離者也。

此訣無它，只是將祖竅中凝聚那點陽神，下藏於氣穴之內，謂之送歸土釜牢封固，又謂之凝神入氣穴。此穴有內外兩竅，外竅喻桃杏之核，內竅譬核中之仁。古仙有曰：『混沌生前混沌圓，個中消息不容傳。劈開竅內竅中竅，踏破天中天外天。』

此竅中之竅，釋尊標為空不空如來藏，老君明之玄之又玄眾妙門，海蟾亦曰：『無底曰橐，有孔曰籥，中間一竅，吾人摸著。此指竅中之竅而言也。』是竅也，為陰楊之源，神氣之宅，胎息之根，呼吸之祖。」

在網絡上，閑居道人所撰的「炁穴」，又有以下一段：

「廖蟾輝：前對臍輪後對腎，中央有個真金鼎。

趙緣督：虛無一竅正當中。

陳致虛：一身上下定中央，腎前臍後號黃房。

王道淵：玄關一竅正當中，非後非前獨倚空。

伍沖虛：前對臍輪後對腎，中間有個真金鼎。下田即所謂有個真金鼎之處。

俞玉吾：丹田在臍之後，腎之前，正居腹中。

王邦叔：臍中炁穴。薛道光：昔日遇師親口訣，只要凝神入炁穴。

趙緣督：人之靈明知覺者，即神也。氤氳活動者，即炁也。」

趙避塵的炁穴（見圖 2-20-1）是有疑問的：

1.此炁穴有內外兩竅。

2.此炁穴要藏炁。

如果照趙氏所說，這炁穴是很小的神經叢，怎可以聚炁，又怎能有內外兩竅呢？

在《性命圭旨》又說翕聚和蟄藏是一貫而下的，又說「送歸土斧牢封固」，所以土斧是指下丹田，而一貫而下（翕聚和蟄藏），所以炁穴是在大的位置，不能只占大動脈之上的一個小位置。

在閑居道人所引的古語中，數處有「真金鼎」一詞，圖 2-20-2 是近代人體神經線的立體構圖，下丹田不是似個真金鼎嗎？有趣的是，《參同

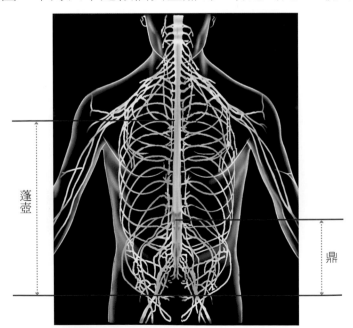

圖 2-20-1 趙避塵的炁穴圖　　　圖 2-20-2 人體神經線的立體構圖

契》所說的「蓬壺」亦隱約見於這個圖內。所以人體的神經透視，臍以下像鼎，胸腹在一起便成壺。所以炁穴在下丹田可以聚，又可以藏炁。

另外在《參同契集註》有以下一段關於兩竅（內外？）的問題：

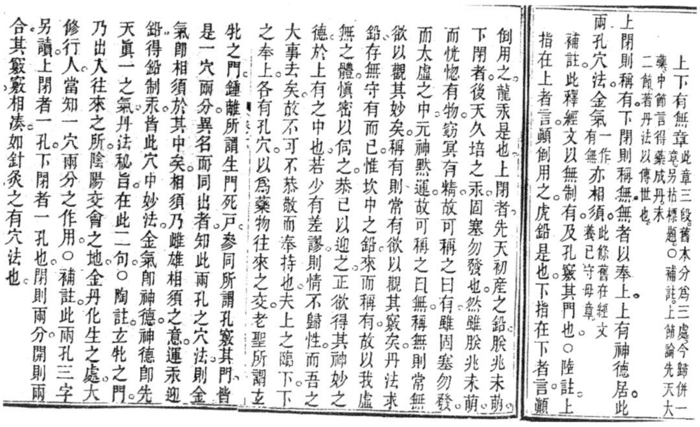

上下有無章此章三段。舊本分爲三處。今歸併一
章。另拈標題。○補註。上節論先天大
藥。中節言得藥成丹。末
二節著丹法以傳世也。
上閉則稱有。下閉則稱無。無者以奉上。上有神德居。此
兩孔穴法。金氣一作有無亦相須。此條舊在經文養己守母章。
補註。此釋經文以無制有。及孔竅其門也。○陸註。上
指在上者。言顛倒用之。虎鉛是也。下指在下者。言顛
倒用之。龍汞是也。上閉者。先天初產之鉛。朕兆未萌。
下閉者。後天久培之汞。固塞勿發也。然雖朕兆未萌。
而恍惚有物。窈冥有精。故可稱之曰有。雖固塞勿發。
而太虛之中。元神默運。故可稱之曰無。稱無則常無。
欲以觀其妙矣。稱有則常有。欲以觀其竅矣。丹法求
鉛。存無守有而已。惟坎中之鉛。來而稱有。故以我虛
無之體。愼密以伺之。恭己以迎之。正欲得其神妙之
德。於上有之中也。若少有差謬。則情不歸性。而吾之
大事去矣。故不可不恭敬而奉持也。夫上之臨下。下
之奉上。各有孔穴。以爲藥物往來之交。老聖所謂玄
牝之門。鍾離所謂生門死戶。參同所謂孔竅其門。皆
是一穴兩分。異名而同出者。知此兩孔之穴法。則金
氣卽相須於其中矣。相須乃雌雄相須之意。運汞迎
鉛。得鉛制汞。皆此穴中妙法。金氣卽神德。神德卽先
天眞一之氣。丹法秘旨在此二句。○陶註。玄牝之門。
乃出入往來之所。陰陽交會之地。金丹化生之處。大
修行人。當知一穴兩分之作用。○補註。此兩孔三字
另讀。上閉者一孔。下閉者一孔也。閉則兩分。開則兩
合。其竅竅相湊。如針灸之有穴法也。

圖 2-20-3 《參同契集註》

而閔一得《道藏續編》內〈如是我聞〉又說：（圖 2-19-4）

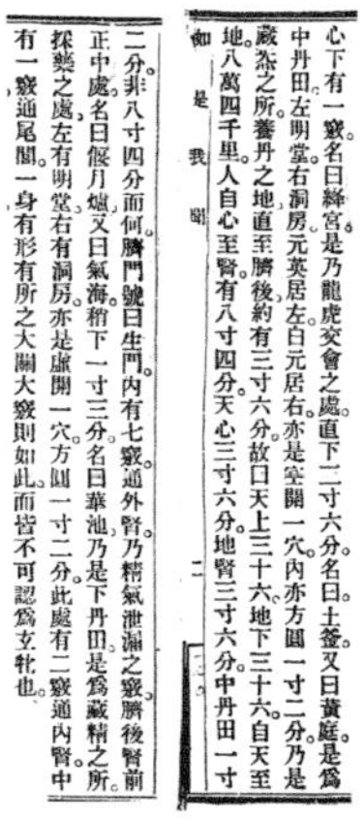

心下有一竅。名曰絳宮。是乃龍虎交會之處。直下二寸六分。名曰土釜。又曰黃庭。是爲
中丹田。左明堂。右洞房。元英居左。白元居右。亦是空闢一穴。內亦方圓一寸二分。乃是
藏炁之所。養丹之地。直至臍後。約有三寸六分。故曰天上三十六。地下三十六。自天至
地。八萬四千里。人自心至腎。有八寸四分。天心三寸六分。地腎三寸六分。中丹田一寸
如是我聞 二
二分。非八寸四分而何。臍門號曰生門。內有七竅。通外腎。乃精氣泄漏之竅。臍後腎前
正中處。名曰偃月爐。又曰氣海。稍下一寸三分。名曰華池。乃是下丹田。是爲藏精之所。
採藥之處。左有明堂。右有洞房。亦是虛開一穴。方圓一寸二分。此處有二竅。通內腎。中
有一竅通尾閭。一身有形有所之大關大竅則如此。而皆不可認爲玄牝也。

圖 2-20-4 《道藏續編》〈如是我聞〉

為什麼有兩個內外竅呢？這是因為下丹田以下的華池（圖 2-20-5）有兩種神經叢，一種是從黃庭、規中、命門和交感幹傳出或傳下（偃月爐）的交感神經（Sympathetic），二是 S2-S4 出來的副交感神經叢（Parasympathetic），所以我們可以說，交感神經叢是核，副交感神經叢是仁。

註：這是交感幹唯一的（S2-S4）副交感神經叢。

我們認為華池才真正有內外兩竅，而不是在炁穴。

圖 2-20-6 和圖 2-20-7 是我們的構圖，所以炁可以從規中以上下落到偃月爐，然後可以用橐籥的原理上升下降，又因為有二竅，內竅（仁）是副交感，副交感神經可以減低神經的活動而容易入定或胎息。這是作者個人的體驗，讀者要像《悟真篇》張伯端所說的話：

「夫煉金液還丹者，則難遇而易成。要須洞曉陰陽，深達造化，方能超二氣於黃道，會三性於元宮，攢簇五行，和合四象，五氣朝元，三花聚頂。」

才能得到和掌握道的要點，所以《參同契》又說「初正則終修」，讓同好共勉。

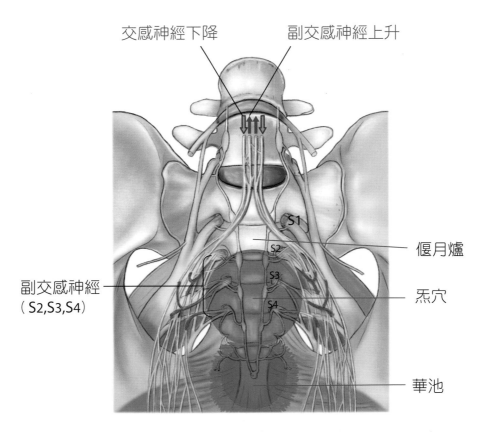

圖 2-20-5 偃月爐下的兩種神經（交感和副交感神經）

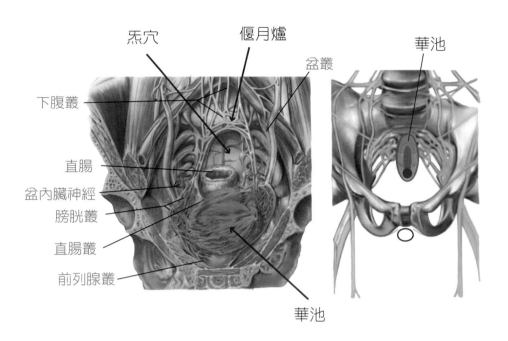

下腹叢

炁穴

偃月爐

盆叢

華池

直腸

盆內臟神經

膀胱叢

直腸叢

前列腺叢

華池

圖 2-20-6 華池（正面）

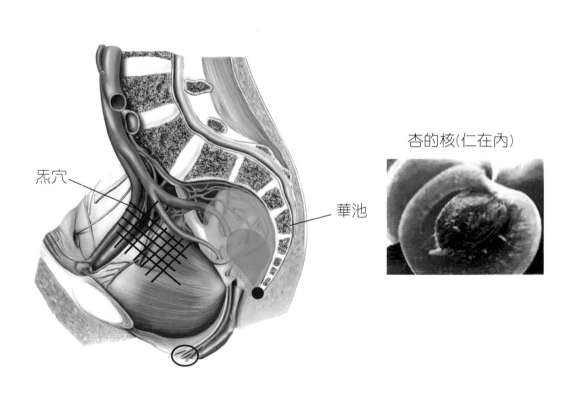

炁穴

華池

杏的核(仁在內)

圖 2-20-7 華池（側面）

2-21 《參同契》的〈鼎器歌〉瑣談

　　接觸《參同契》一書二十多年，又遇上潘啟明教授的《參同契解讀》一書，二十多年來對此書還是一知半解；又苦無良師，十幾二十年的修煉，都是盲修瞎練。近來，閱讀《參同契》的〈鼎器歌〉，覺得甚是有趣，本文文末的附錄一至三是各家學者的解釋。

　　近來研究「中黃督脊」、「黃庭」、「規中」和「偃月爐」等不清不楚的術語，更有勇氣去請教潘教授，教授寬容大量，又再看教授對〈鼎器歌〉的解讀，在數分鐘內悟了「圓三五，寸一分，口四八，兩寸唇，長尺二，厚薄勻」的意思，此短文作為對潘教授和我的友誼開始。

　　我們對〈鼎器歌〉的瑣談錄於下：

1. 圓三五，寸一分——正像潘啟明教授說，三五之炁[即火、水和土；火——心（2）和肝（3），水——腎（1）和肺（4），土——胰脾（5）和諧而歸黃庭，黃庭就是太陽叢，其直徑為一寸一分（圖 2-21-1、圖 2-21-2）

2. 口四八，兩寸唇——在河圖（圖 2-21-3），河圖的四八，四是西，八是東，而土在其中，這裡我們說兩腎之中，我們稱它為規中，腎的闊度是兩寸，所以像唇（圖 2-20-4）。

3. 長尺二，厚薄勻——我們的研究和修煉，黃道是內臟神經T5-T10，T10-T11，T12和L1-L2組成，見圖2-21-1（a、b），其長度為一尺二寸。

註：黃道Splanchnic nerves大部分是由左右胸和腹內臟神經組成，其位置在大動脈上。

4. 腹齊三，坐垂溫——腹有齊三樣竅和道，就是黃道，黃庭和規中。

5. 陰在上，陽下奔，手尾武，中間文——「首尾武」是有意，「中間文」有意和無意。

6. 始七十，終三旬，二百六，善調勻——「始七十，終三旬」，有兩種解法：一是築基要百日（七十加三十是一百）。二是從河圖任脈是三而督是七，這是小周天。契曰：「九還七返，八歸六居」。二百六，是二百六十日（三十七星期）而胎成。

7. 陰火白，黃芽鉛，兩七聚，輔翼人——二七聚，是陰陽兩炁。

8. 瞻理腦，定升玄——瞻看和整理腦念而決定玄牝之位置。

9.子處中，得安存——煉丹要「處中以制外」是也。

10.來去游，不出門

11.漸成大，性情純。

12.卻歸一，還本源，至一周，甚辛勤——至一周是一年也。

13.密防護，莫迷昏，路途遠，復幽玄，若達此，會乾坤。

14.刀圭霑，淨魄魂，得長生，居仙村。樂道者，尋其根，審五行，定銖分。諦
思之，不須論，深藏守，莫傳文，御白鶴兮，駕龍麟，游太虛兮，謁仙君，
錄天圖，號真人——刀圭內丹藥也，以後再說。

以上瑣談雖短，但同好如能領略其中奧妙，一定健康延年。

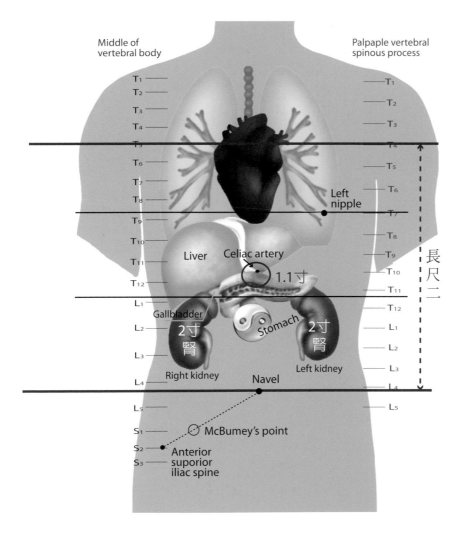

圖 2-21-1a 黃庭（長度）和〈鼎器歌〉

黃道和其竅

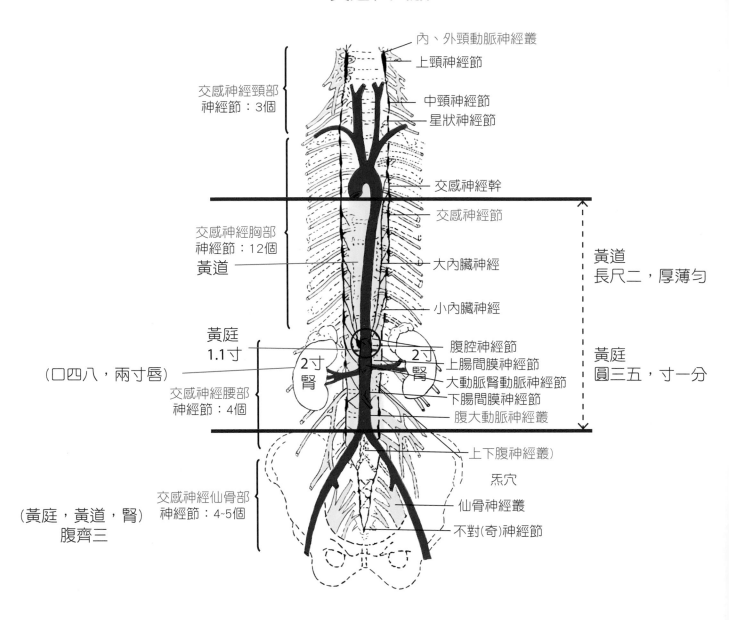

圖 2-21-1b 黃庭（長度）和〈鼎器歌〉

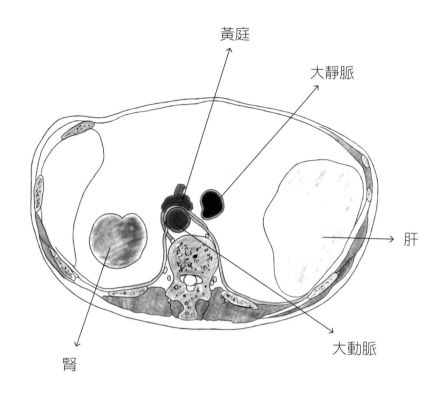

圖 2-21-2 黃庭（太陽叢）與大動脈的關係

河圖

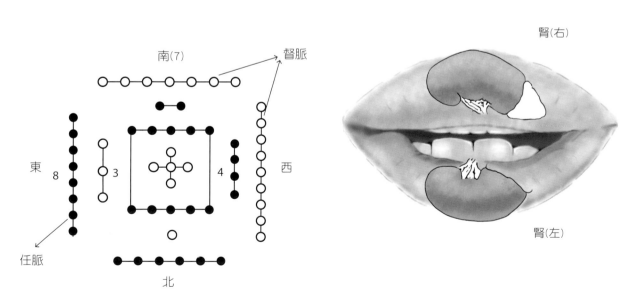

圖 2-21-3 河圖和〈鼎器歌〉　　　　　　**圖 2-21-4 腎與兩寸唇**

一、《古本周易參同契集說》（仇兆鰲集著）

圜一作圜三五。徑一作寸一分。口四八。兩寸唇。長尺二。厚薄勻。腹齊同臍三。三一作齊坐垂溫。陰在上。陽下奔

補註此言臨爐採藥之方。仍是乾坤爲爐鼎。坎離爲藥物。○陸註圜三五徑一分。言鼎也。謂以寸五爲度。而規圜之徑得三分之一。是謂陽鼎口四八。兩寸唇。言爐也。謂口分四寸八分。而又有兩寸唇以環口外。是謂陰爐。蓋鼎在爐中。爐包鼎外。三五與一。陽之數也。四八與兩。陰之數也。有圜有徑。奇之象也。有口有唇。偶之象也。陰陽奇偶。盡露斯言。學人以意參之。可以得諸象數之外矣。長尺二。厚薄勻者。言藥物勻平二八相當。無偏勝也。以尺二比十有二月。卦氣循環。無參差也。腹齊三者。腹臍之下三分。勻停定其居也。坐垂溫者。黙然垂簾。內視下田。候其溫煖之氣。陰在上。陽下奔者。採藥之時。地天交泰。下蒸上沸。而陰中之陽。奔注於下也。長尺二者十二時也。看爻動也。厚薄勻者。兩相配當。無盈縮也。

首尾武。中間文。始七十。終三旬。二百六。善去聲調勻。陰火白。黃芽鉛。兩七聚。輔翼人。

補註此言藥火始終之事。○上陽註。首行煉已。武火三年。尾行溫養。武火八一年。中間煉丹。止用一符文火。○補註。武火壯盛。後天藥符。文火眞純。先天丹母也。○姜註。始七十。終三旬。得藥之後。百日而始凝也。又加二百六十日進退火符。以合周天之數。陰眞人云。十月懷胎。分六甲。終歲九轉。乃成眞是也。○陶註。陰火白者。白雪也。黃芽鉛者。金華也。白雪乃汞之氣。黃芽乃鉛之精。二物皆混元杳冥之中。所産眞一之氣。

眞一。註。兩七者。青龍七宿之氣。與白虎七宿之氣。合聚。神胎以輔翼眞人。所謂眞人潛深淵也。○陸註。鉛汞之氣。同聚中宫。輔翼人身。以成仙體。或云兩七者十四。以下之鼎器也。取其氣旺而藥眞。還火須九鼎。故日聚也。

瞻一作瞻理腦。定升玄。玄一作升子處上聲。得安存。來去遊。不出門。漸成大。情性純。却歸一。還本原。善去聲愛敬。如君臣。至一周。甚辛勤。密防護。莫迷昏。途路遠。極二作復幽玄。若達此。會乾坤。

補註此言抱元守一之功。○陸註。丹法移爐換鼎。自下而上。升於泥丸玄宫。故當瞻養調理。使眞人安處於腦中。黃庭經所謂子欲不死守崑崙。是也。迨安存之久。自然脫胎於頂門。但嬰體微嫩。仍當時時顧諟不可縱其遠遊。及乎漸凝漸大。嬰兒顯相。而情性乃更純熟矣。歸一還原者。虛無恬淡。以養沖和也。愛敬眞主。如臣奉君。尊之至也。一載之內。辛勤防護。慎之至也。其路極遙遠。非可猝致。而理最幽玄。難以意窺若能洞達乎此。則宇宙在手。而乾坤之理得矣。腦爲諸髓之海。腦實而諸髓皆實。子者嬰兒也。歸一抱一也。還原復命也。一周一年也。

刀圭霑。淨魄魂。得長生。居仙村。樂音洛道者。尋其根。審五行。定銖分。諦思之。不須論平聲。深藏守。莫傳文。御白鶴。駕龍麟。遊太虛。一有兮字。謁仙君。受圖籙。一作天圖一有兮字。號眞人。

補註。末言得道成仙之效。○陸註。刀圭一霑。魄魂清淨者。還丹入口。而陰氣爲銷鑠也。既得長生。託居仙村者。

圖 2-21-5

二、對〈鼎器歌〉在《新譯周易參同契》（劉國樑注譯）有以下的語譯：

圓象天來方象地，東西南北中分界。中宮神室不逾寸，陰陽火候止一分。玄牝之門市祖竅，四正四隅八卦成。南北兩極即兩儀，上下各自有界分。鼎高一尺有二寸，陰陽火候要均平。精神氣聚在黃庭，鼎身腹底皆齊正。不動不搖任自然，每月初三一陽生。坎中陽氣往上升，離中陰液向下傾。陽火子丑寅為首，陰符午未申開頭。辰巳戌亥各為尾，首尾皆用武火烹。卯酉之時用文火，十二時辰當中文。冬至開始七十日，夏至極陽三十天。其餘二百六十日，文火調和要均勻。離中真汞有白氣，坎中真鉛火烹黃。青龍白虎兩相聚，陰火陽火輔真人。心目瞻向泥丸宮，元神入定升玄關。真種聖胎居中宮，任性自在得安寧。玄牝之氣四處遊，環匝關閉不出門。聖胎溫養漸長大，情返為性純粹精。煉神還虛歸本體，返本還原金丹成。後天之精敬祖炁，精炁元神如君臣。九轉攻成為一周，練就聖胎甚辛勤。嚴密提防護元神，收心離境莫迷昏。還丹程期路途遠，幽深玄遠無窮盡。若能了悟此道理，重建鼎爐在我身。丹頭剛剛沾入口，魂安魄靜陽氣純。從此就能樂長生，住在太虛神仙村。喜歡探求丹道人，務必尋找其本根。審悉金木水火土，逆為丹用要記清。藥物斤兩火候數，時候細數要確定。道的真詮須細思，不要空談發議論。丹道祕密藏在心，不要著書來揚名。胎圓功成神出殼，騎乘白鶴滿天行。駕御火龍太空遊，隱喻自己的元炁。漫遊天空任自然，隱喻自己的圓竅。太乙真人知真諦，實是自己的圓神。接受仙人的典籍，名為成仙的「真人」。

三、潘啟明教授著的《周易參同契解讀》對〈鼎器歌〉釋義如下：

人參就是鼎器。它的圖象，可用五行模式表示。子午數合三。戊己數稱五，三五既會合，都集歸一所；也可以用易數模式表示，四時有仁義，八卦正綱紀，元精眇難睹，二用顯符證；也可用律歷模式表示，周行十二節，節盡更親觀，勿太過不及，小心細調勻。人身三丹田，緩體而坐，丹田有溫，離女在上，坎男在下。周天火候，首尾武，中間文，開始70度，最後30度，中間260度，須仔細調勻。離女之赤與坎男之白，生成黍丹黃芽。十四日月初元，是滿月的輔翼。以腦為鼎是上乘丹家，必定升入玄境。真種子處於中央，應該安全保存，它可在身中遨游，但不准泄漏。漸漸長成，性情純一，歸於五行之初，還於原始信息。應該像君臣一樣，臣敬君，君愛臣。周天火候的調節，要辛勞勤懇，周密防護，不能迷迷糊糊，昏昏沉沉。修丹的道路，十分遙遠，修丹的目標也並非一下可以看清。真正能夠達到坎離交而滅亡，成為純陽之體，飲刀圭，吞金丹，魂魄安靜，才能夠長生，得居返老還童之村。願意為此道獻身的人，應該去尋求丹道的根本，審查五行，定銖兩，守日分。反覆思索，認真總結，不要到處宣揚。將寶珠

妥為祕藏，不要著文外傳。御肺金之白鶴，成肝木之鱗龍，游腦中之太虛，謁見諸位早先還童之諸君，排列於他們的座次之中，也可稱為真人。

第三章　佛與炁

3-1 卍（萬字）與卐

圖 3-1-1 薩馬拉陶器　　　　　　　　圖 3-1-2 馬家窯卍字陶器

在歷史上，萬字形符號（卍和卐）已出現了數千年，正如伊拉克薩馬拉（Samarara Iraq 5000B.C）出土的陶器（圖 3-1-1），和中國馬家窯出土的卍字紋陶罐（圖3-1-2）等。

在中國道家亦用萬字，尤其在符咒上，但其出於什麼年代，已很難考證。有人又認為洛書、九宮飛星等和萬字是有直接關係（圖3-1-3）。

註1：這種說法應該是唐朝以前後的事了。
註2：九宮飛星順行和逆行。

萬字用左旋或右旋的說法有時讓讀者混亂，我們用萬字的開口作標準（圖 3-1-4），分為順時針和逆時針。

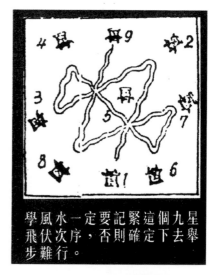

學風水一定要記緊這個九星飛伏次序，否則確定下去舉步難行。

圖 3-1-3 九宮飛星

逆時針　　　　　順時針
圖 3-1-4 佛教「卍字符」

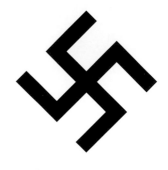

圖 3-1-5 納粹黨徽

在中國古代，萬字的兩種寫法都用（卍或卐），後來，佛教徒多用逆時針的萬字（卍），這種寫法漢人說是吉祥的意思，又有人說是代表「萬德莊嚴」。而密宗稱它為「雍仲」含意除吉祥標誌外，它還含有「永生」「永恆」「長存」「堅固」「光明」和「輪迴不絕」的意思，所以它含有各種功德。

通常萬字符號是正的，而德國以前納粹黨的徽是 45 度角而且是順時針的（圖3-1-5）。

圖 3-1-6 是現代佛像，胸前的萬字是逆時針的，圖 3-1-7 有古代的錢，應是漢代到南北朝的古錢，亦有逆時針的萬字。

圖 3-1-6 現代佛像

圖 3-1-7 卍字錢

這種逆時針的方向，有人亦用河圖配洛書數字來解釋（圖 3-1-8 和圖 3-1-9）。

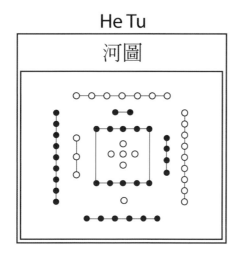

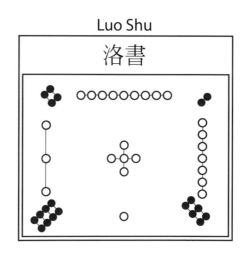

圖 3-1-8 河圖和洛書

圖 3-1-10 是順逆時針的彈簧形構圖和真實的銅線圖，在下面我們討論人體的炁脈時再作討論。

目前在歐美國家，研究炁和輪的修行者認為在每一個輪中，炁是會旋轉的，他們認為順時針轉是陽，逆是陰。在實踐中，如果海底輪是順轉，其上去的生殖輪就會逆轉，如此類推。再者，男女的炁輪的旋轉是對比的，如男順女逆或男逆女順等（圖3-1-11）。

從我們的研究和經驗，人們外層除了氣場之外，整個人體都被炁線圈圍著，由頭到腳連續著，像帶脈一樣，可以順時針或逆時針方向旋轉（圖3-1-12），假如炁是逆時針轉，炁是向上行；相反，炁轉是順時針，炁就會往下走。圖3-1-13是各種幾何的構圖，這些亦可能是炁在身體內外行走的軌道。從以上討論，炁逆行可以用逆時針萬字代表（卍），而炁順行可以用順時針萬字代表（卐）。所以逆時針轉的炁可以向頭頂上升，與宇宙（明點）同體，而順時針旋轉最多只能到腳面，所以我們認為歷史上萬字的改變，用逆時針的萬字（卍）多過順時針的萬字（卐）。就是這個原因，炁要上升，開中脈，開頂門才可以成道成仙或成佛。正如在泰國（Ko Samui）的佛腳印，有很多逆行的螺旋紋（圖3-1-14）。

四九作友　　　　　二七同道

二八為期　　　　　一六共宗

圖 3-1-9 河圖配洛書數

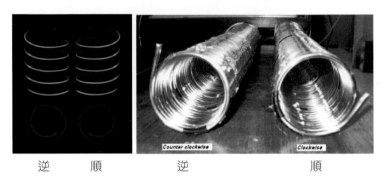

逆　順　　　逆　　　　順

圖 3-1-10 順逆時至針示意圖

旋轉方向

		女	男
	Crown Chakra 1000 petals 頂輪	逆	順
	Eye Brow Chakra 2 petals 眉輪 (2瓣)	順	逆
	Throat Chakra 16 petals 喉輪 (16瓣)	逆	順
	Heart Chakra 12 petals 心輪 (12瓣)	順	逆
	Navel Chakra 10 petals 臍輪 (10瓣)	逆	順
	Pelvic Chakra 6 petals 生殖輪 (6瓣)	順	逆
	Perineurn Chakra (base) 4 petals 海底輪 (4瓣)	逆	順

圖 3-1-11 男女炁輪順逆時針的旋轉

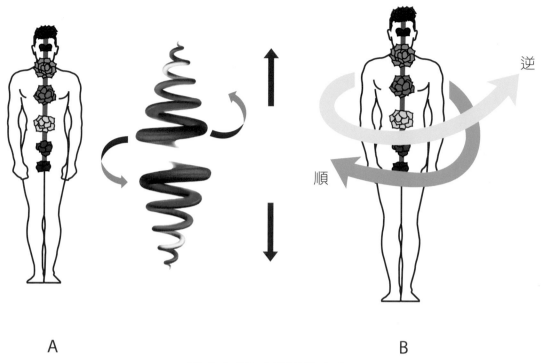

A   B

圖 3-1-12 人體炁的方向

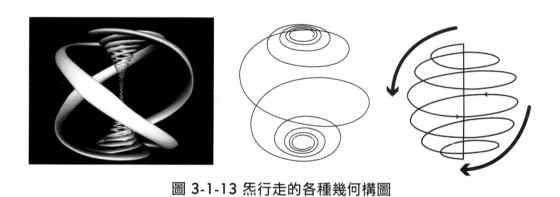

圖 3-1-13 炁行走的各種幾何構圖

圖 3-1-14 泰國佛腳的印（Ko Samui）為逆時針

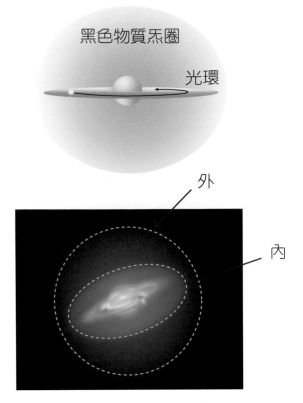

我們生存在地球上，是太陽系中之一行星，而太陽系是占這銀河系中微不足道的一點，這銀河系又有內外的光環（圖 3-1-15），近期研究報告，銀河系整體是順時針轉動，而中心是逆時針轉動，銀河系外的兩個光圈（帷幔），內帷幔是順時針的，而外層是逆時針旋動（圖 3-1-16）。

宇宙還是在膨脹中，換句話說，炁向外走或上升，這不是和我們人體的炁一樣嗎？所以要和宇宙為一體，炁要上升，那麼人體的炁就要逆時針轉了，所以萬字（卍）要逆時針方向，代表天人合一，不是佛嗎？

望讀者指導！阿彌陀佛

圖 3-1-15 銀河系的光環（有內有外）

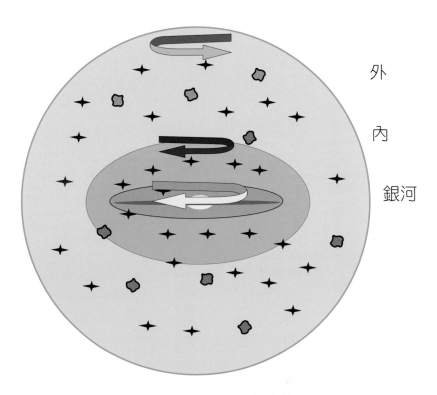

圖 3-1-16 銀河系和內外光環旋轉方向

3-2 肉髻、髮髻、寶髻和螺髮

在佛祖涅槃後四百多年才有佛像的誕生，大概第一座佛像是應出於健馱邏古國（Gandhara）（即今阿富汗東部和巴基斯坦西北部）。健馱邏是古代印度和希臘文明的交聚點，所以初期的佛像（公元一世紀前後）含有印度、波斯和希臘的藝術傳統。

佛像的形狀只是靠經書的描述，和藝術家的造詣和文化背景而構成的，當然，他們在雕塑時沒有忽略佛陀三十二相。在中國雕塑佛像，歷代王朝亦沒有太嚴格的規則，到了乾隆七年（1742年）才匯編了《造像量度經》和有造像的尺寸比例。

在中國通常有佛、菩薩和羅漢各種塑像。佛代表自覺、覺他和覺行圓滿等，菩薩代表自覺和覺他，而羅漢只代表自覺。在各種雕塑像中，只有佛和某些觀音菩薩是有肉髻，而大部分觀音和所有羅漢都是沒有肉髻的。最近明賢法師將佛像的頭頂分為三部分，即肉髻、髮髻和寶髻。（圖 3-2-1、圖 3-2-2）

螺髮（頭髮右旋呈螺紋狀。）　寶髻　肉髻（其形如髻，頭上骨肉隆起。）

白毫相（眉間有白毛右旋。）

圖 3-2-1 肉髻、髮髻和寶髻

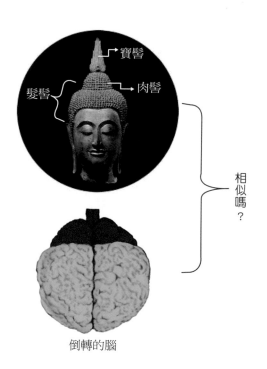

寶髻

髮髻　肉髻

相似嗎？

倒轉的腦

圖3-2-2 佛像的頭頂與倒轉的腦

在未詳細討論三種髻之前，我們認為肉髻是一種生理現象，而後兩者與人體生命之氣（Prana）或炁有關。前者是有形的，後兩者是無形的。寶髻在肉髻之上，而髮髻是包括肉髻外皮和頭頂外皮在內。

圖 3-2-3 肉髻

肉髻

肉髻（圖 3-2-3），梵文為烏瑟膩沙（Ushnisha），「梵語也，如來預相之號也觀佛三昧海經云如來頂上肉髻團圓當中涌起高顯端嚴猶如天蓋又一譯云無見頂相各有深意也。」

註：瑜伽頂輪和肉髻應該在頭部同一地方。

在佛典辭書數位檢索系統內有：

「梵言嗢瑟尼沙此云髻即無上依經云鬱尼沙頂骨涌起自然成髻是也。」

「觀佛三昧經云如來頂上肉髻團圓當中涌起猶如合拳在佛頭上。」

在《西藏瑜伽和祕密教義》一書內，有數段關於肉髻的描述，以下簡述一下。

第一段主要說，只要練成頗哇成就，頂門開了以後，在世靈魂可以暫時離體，死後靈魂離體另找一個肉體，這樣生死有了一個循環。

其後兩段大意是，於頂際必有肉髻隆起者，其應驗者頂門梵穴處，皮肉隆腫，血液黃水溢出，且可以草梗入梵穴。

修煉炁（百會）開頂後，初時只是無形的炁場，後來有光，進一步頭頂百會地方會滲出血或黃色液體，到最後就會形成肉髻。

所以我們平時所看到的佛像，其肉髻不是頭髮，也不是帽子，而是成佛或道的一種象徵，又可以說是一種生理的改變。

在未進一步討論肉髻之前，我們先談人的囟門（嬰兒頭部會動的部位）（圖3-2-4）。通常嬰兒的囟門是平坦的，用手摸囟門時才能感覺囟門的跳動。嬰兒囟門的突起，有數種原因，主要的腦脊液過多，顱內壓力太高，所以囟門凸起。其他原因如嬰兒患了佝僂病（攝取維生素 D 不足，而缺鈣的軟骨症），而囟門顱縫又早閉（Cranosynostosis），而形成突出。（圖 3-2-5）

成年人囟門是由頭骨封閉不開的，修煉瑜伽、道家或佛家，人能打通任督二脈或三脈七輪，再修中脈或大周天，天靈蓋才能慢慢打開。起初小量的炁透過頭骨與

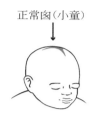
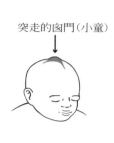
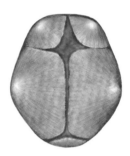

圖 3-2-4 囟門

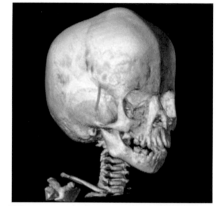

圖3-2-5 小童不正常的頭骨增生

宇宙炁同體，經過長期的修煉，囟門的骨由硬變軟，正像以上《西藏瑜伽和祕密教義》書內所說，如果人能修煉熱能成就有素，囟門改變可以插入草梗。所以囟門軟化，理論上人腦可以再長大，囟門軟化，可以凸出，容納新的腦組織，道家修煉返老還童是同一道理嗎？可惜在目前，我們看不見有凸出肉髻的活佛來證明這一點，所以只能用古代佛像來作證據！

髮髻
．．．．．．

髮髻在肉髻下面，在我們頭上有髮生長的區域，在佛像而言，這些頭髮叫螺髮（頭髮右旋呈螺紋狀）。奇怪的是，佛的肉髻上，亦有螺髮。我們不贊同傳統說法，我們認為螺髮是炁（或 prana）的代表。在未討論以前，我們稱炁（脈和輪）在體內為內在途徑，而炁離開身體為外在途徑。

初期典形的佛像都出於健陀邏古國，從圖 3-2-6 至圖 3-2-13，可以看到在一世紀至四世紀，佛像的肉髻和髮髻的線條，都是成線狀，曲形或波浪形；到了公元四五世紀才有螺旋形的螺髮出現，我們認為這些佛像肉髻和髮髻的線條是代表脈（炁和 Prana），而螺旋形的螺髮是代表輪（炁或 Prana）。

圖 3-2-6
Gandhara Stucco Head
of the Buddha
（公元三~四世紀）

圖 3-2-7
Gandhara
（公元一~二世）

圖 3-2-6
Gandhara Stucco Head
of the Buddha
（公元三~四世紀）

圖 3-2-9
Gandhara
（公元二～三世紀）

圖 3-2-10
Gandhara Buddha
Shotorak——
Afghanistan
（約公元一～四世紀）

圖 3-2-11
Gandhara
（公元三～四世紀）

圖 3-2-12
Gandhara
（公元四世紀）

圖 3-2-13
Gandhara
（公元三～五世紀）

A、右旋螺(左邊)

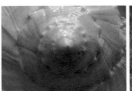

B、右旋螺和螺髮

圖3-2-14 螺髮的形狀和天然右旋螺的
形象很相似

螺髮

現在所見的佛像，頭上有一束束的頭髮，似有立體右螺旋狀的圖案，人稱這一束一束的螺紋為螺髮。

螺髮的形狀和天然右旋螺的形象很相似，如圖 3-2-14，螺髮的發展是經過數百年的演變而成的。

螺髮的形成包括有多個階段：

1.氙脈橫走階段

從公元一至三世紀，氙脈在佛像的肉髻和髮髻（頭部）上作短的曲線（弧線）橫走（圖 3-2-6）。起初短，後來開始連續（圖 3-2-7）。

2.氙脈豎直的階段

在公元二、三世紀，氙脈在佛頭上面開始由橫而改向豎直方向（圖 3-2-8、圖 3-2-9）。

3.縱橫交融階段

這個階段，肉髻氙（脈）豎直但髮髻氙（脈）還是橫走（圖 3-2-10、圖 3-2-11）。

圖 3-2-15
北魏佛像

圖 3-2-16
北魏佛像

圖 3-2-17
北魏佛像

圖 3-2-18
北魏佛像（旋螺形）

4.S形的階段

到了公元四世紀，肉髻和髮髻的炁（脈）成為了縱橫交錯的S形炁脈（圖 3-2-12
二）。

5.螺旋形階段

大概在公元四世紀前後，螺旋形圖案已呈現在健陀邏國佛像肉髻和髮髻上（圖
3-2-13）。

公元五世紀左右，在中國南北朝時代，佛教在中國盛行，尤其是北魏對佛像
雕刻，有很高的造詣，這時佛像的肉髻和髮髻都出現各種不同的螺旋形的圖案（圖
3-2-15 至圖 3-2-17），但這些圖案都沒有立體右螺旋的感覺（圖 3-2-18）。

圓錐體圖案

在公元五、六世紀之間，出現了圓錐形圖案（圖 3-2-19、圖 3-2-20），出於
東魏或北齊，尤其是南朝宋元嘉二十五年（公元 449 年），佛的頭部都遍佈（半蛋
形）著圓錐體（圖 3-2-20）。後來西魏佛像的發展，圓錐體近佛頭髮腳的圓錐體比
頭頂肉髻的細些和矮些，如圖 3-2-21。這是符合炁的原理（髮髻地方有頭骨阻擋炁
的分布，而肉髻的炁是沒骨的阻妨）。

圖 3-2-19
圓錐形髮
（公元五世紀）

圖 3-2-20
南朝宋元嘉二十五年

圖 3-2-21
西魏佛像

圓錐形和螺旋形合併原理

當炁在炁輪向外膨漲，就可以成為圓錐形的聚炁團，圖 3-2-22A 是代表肉髻的炁團；圖 3-2-22B 是代表髮髻的炁團，圖 3-2-23 是炁團起伏的構想圖。

註：圓錐形的縱切面是不是等於輪的辦呢？（圖3-2-22C）

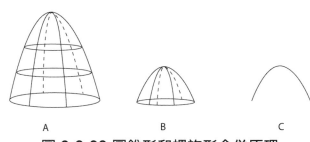

圖 3-2-22 圓錐形和螺旋形合併原理

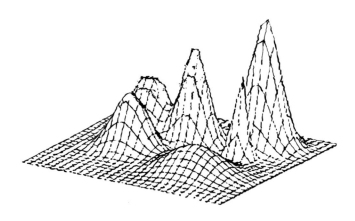

圖 3-2-23 炁團起伏構想圖

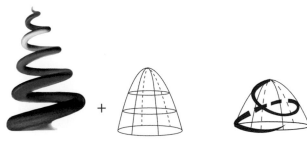

圖 3-2-24
圓錐形的炁團、螺旋形與佛像的螺髮形狀

這些炁團用什麼途徑將炁返回身體內呢？我們已說明輪的炁轉動是成螺旋形狀的，所以圓錐形的炁團和螺旋形相合，更成佛像的螺髮形狀了。（圖 3-2-24A、B）

圖 3-2-25 至圖 3-2-27 是初期的螺髮形，圖 3-2-28 至圖 3-2-29 是後世的螺髮形，圖 3-2-30 是後世的圓錐形的（螺）髮形。圖 3-2-31 是各種佛髻的形式。

寶髻

寶髻應該是一種無形的觀念，是炁聚而成的，可以說是中脈出頂的盡頭，是一種內在途徑，鍛鍊炁的有素者，可以看到寶髻的輝光（Aura）。另外，寶髻的炁可以直通雲霄，與天地同在，這是外在途徑，有功夫的修煉者可洞察其秋毫，有如天上中的一彎紅虹。寶髻與密宗明點（Bindu），有沒有關係呢？這種現象是我們所說外在途徑。（圖 3-2-29 和圖 3-2-30）

另外，佛像沒有顯示的就是寶髻的螺旋形炁，這亦是外在途徑之一種。（圖 3-2-32）

圖3-2-25
初期的螺髮形

圖3-2-26 初期的螺
髮形

圖3-2-27
初期的螺髮形

圖3-2-28
後世的螺髮形

圖3-2-29
後世的螺髮形

圖3-2-30
後世的圓錐形的
（螺）髮形

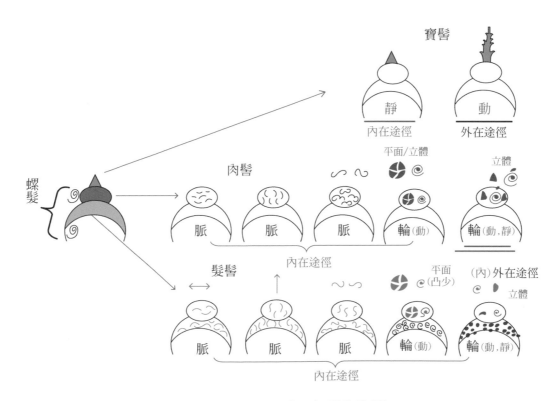

圖 3-2-31 佛像（螺）髮的進展

結論

　　各朝代的佛像，由各種背景不同的藝術家雕塑，所以每朝代的佛像有每朝的特色和風格，有時不一定符合標準，有時更有大的錯誤。從我們以上的討論，所以見仁見智，我們覺得四川博物院的數件砂石的阿育王頭像^{（註）}（圖 3-2-33），最合炁的原理，雕像特別是表現出肉髻和髮髻炁（輪）的分別，髮髻的炁是內在途徑，離不開身體的，而肉髻的炁（輪）可以有內在和外在途徑，肉髻炁（輪）的內在途徑，其螺髮應該比髮髻的螺髮高而旋圈又多些。

　　註：阿育王是印度歷史上一位有名的弘揚佛教的國王，他創造的一種佛像式樣，在佛教中稱為阿育王像（四川萬佛寺遺址出土多座）。

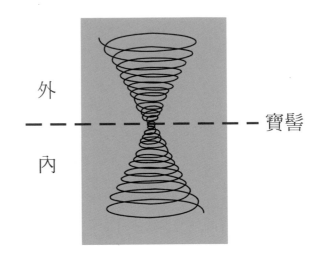

圖3-2-32 螺旋形炁

**圖3-2-33
四川博物院的砂石阿育王頭像**

　　另外，肉髻（沒有頭骨阻擋）是修煉出來的，肉髻更有另一種外在途徑（圖 3-2-34），這種現象是佛像顯示不出來的。

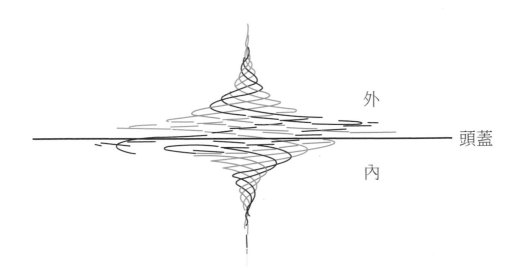

圖 3-2-34 肉髻炁的外在途徑

另外，四川博物館新館亦有數枚佛像，其肉髻和髮髻都同樣是右旋螺髮，在髮髻的螺髮細，平而小；而在肉髻的螺髮大，尖而高，這是這些佛像符合內在和外在途徑（圖 3-2-35）。

阿育王頭像和釋迦牟尼佛頭像是中國六世紀以來符合炁場條件的罕見佛像。

圖 3-2-35 唐佛像

3-3 佛陀的腳印

在中國西安，大雁塔上陳列著一通釋迦如來足跡碑（圖 3-3-1），上面刻有千輻輪，梵王頂相等等圖案，傳說是照唐代玄奘法師（在玉華寺請石匠李天詔所刻）所造，佛腳碑的複製品。有人認為足掌心刻的千輻輪紋是象徵法輪常轉，而輪下刻的三株並蒂蓮及小千輻輪組成了「項王頂」，這裡蓮花象徵聖潔，而小千輻輪亦是代表法輪常轉的意思。佛腳是讓人供奉，有「見足如見佛」的代表。

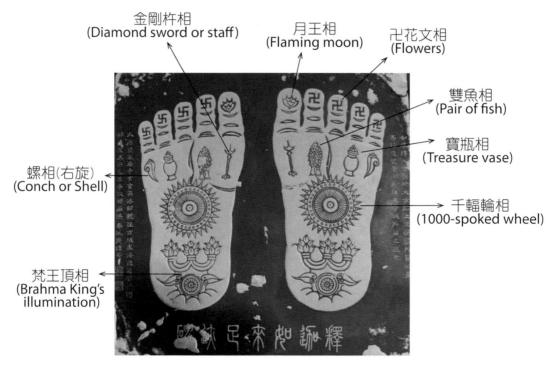

金剛杵相
(Diamond sword or staff)

月王相
(Flaming moon)

卍花文相
(Flowers)

雙魚相
(Pair of fish)

寶瓶相
(Treasure vase)

螺相(右旋)
(Conch or Shell)

千輻輪相
(1000-spoked wheel)

梵王頂相
(Brahma King's illumination)

圖 3-3-1 大雁塔釋迦如來足跡碑拓本

佛腳的雕刻和供養大概在佛陀涅槃後四百年才開始，就是在公元前一百年至公元後一百年之間。近年考古發現的佛腳雕塑，以健馱邏古國和貴霜古帝國為多，其中又可分為三大類：無輪、中央輪和兩輪三寶等三種。

到目前，除了越南外，其他東南亞等國，都發現佛腳的雕刻，其數目達三千多。佛腳的花紋，從無到超過一百多個圖案在一個腳上面。佛腳是用來供奉的，有人更說：「佛腳可以有遙遠感應作用。」

第一種圖案

　　圖 3-3-2 是第一種，有人認為出土的地方是佛陀生前到過的地方。其雕刻是自然的，是現在唯一發現自然主義的藝術品，考古學家認為這文物符合初期健馱邏國的古物。

圖 3-3-2
無紋佛腳（貴霜帝國 1 至 3 世紀）
（Buddhapada Kushan Period Swat Museum）

圖 3-3-3
中央輪的佛腳（印度-公元前一世紀）
（Limestone panel of the Buddhapada，Amaravati Stupa，India， 1st cent. BC. British Museum）

第二種圖案

　　圖 3-3-3 是公元前一世紀的文物，發現於印度，圖中的輪是在腳的中間，與中國道家修煉的湧泉穴同一地方。（圖 3-3-4）

　　道家在修煉大周天的時候，湧泉穴才能打開，讓炁可以（出）入湧泉穴，就是說明炁可以和宇宙炁同在，所以我們稱它為外在途徑。（圖 3-3-5）

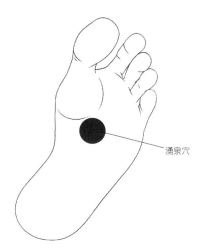

圖 3-3-4 湧泉穴

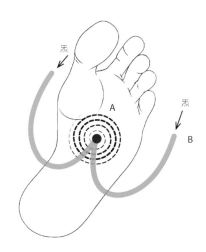

圖 3-3-5 湧泉外在途徑

圖 3-3-6
健馱邏古國的佛腳
（公元一世紀）
（Large Buddha footprint from 1st-cent Gandhara，with wheel and triratna symbols. Now in Tokyo）

圖 3-3-7
健陀邏國佛腳
（公元一至二世紀）
（Stone Buddhapada，1st-2nd century Gandhara，photo@ John Eskenzal Ltd）

圖 3-3-8
有圖案的佛腳石碑
（公元二世紀以後？）

圖 3-3-9
佛腳
（現巴基斯坦-公元二至三世紀）

第三種圖案

　　圖 3-3-6 是健馱邏古國一世紀的佛陀腳印和圖案，腳底前面是千輻輪，千輻輪下面又有三寶和小千輻輪的圖案。這些傳統意思已在前面討論過。圖 3-3-7 至圖 3-3-9 是公元一世紀至三世紀的圖案。

　　我們覺得關於以上第二種和第三種佛腳的圖案的傳統說法，有許多不恰當的地方，我們認為這些圖案與 Prana（生命能量）或炁有關。

　　在未進一步的討論，我們先談腳神經和腦部的關係。圖 3-3-10 和圖 3-3-11 是腳神經的分布，腳神經主要有兩種：一是足跟神經組合，一是足底神經組合。這兩者同源於脛神經，而脛神經是坐骨神經的分枝，最後坐骨神經和神經中樞是息息相關的。（圖 3-3-12）

　　以上我們已說明佛腳的圖案與炁有關，在第二種佛腳的圖案，只在腳中間有一個輪，圖 3-3-13 是大腦和這腳輪的關係，如果修煉者能修成大周天，大腦的炁可以和湧泉交通，炁可以從湧泉吸入，大腦的炁又可以順時針降落到腳底，而形成圓形的圖案。

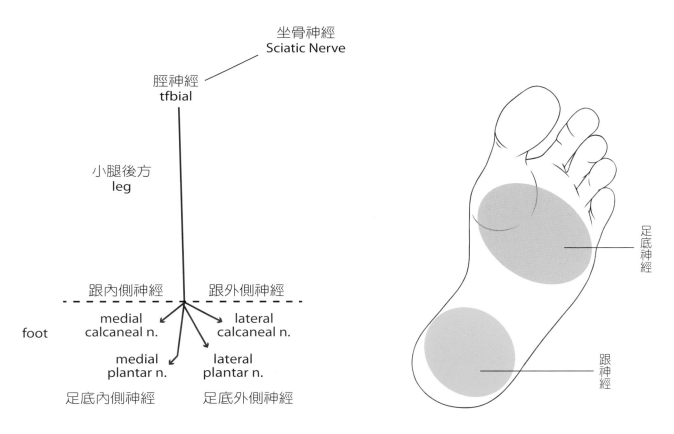

圖 3-3-10 腳神經的分布

圖 3-3-11 腳神經分布地區

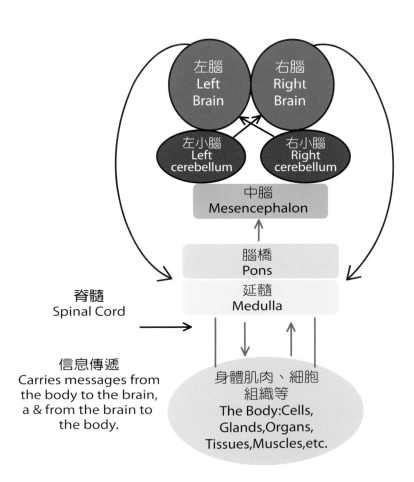

圖 3-3-12 腦的功能和身體

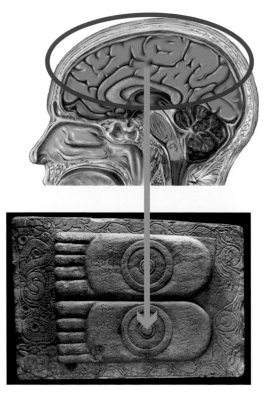

圖 3-3-13 大腦和佛腳中央輪的相應

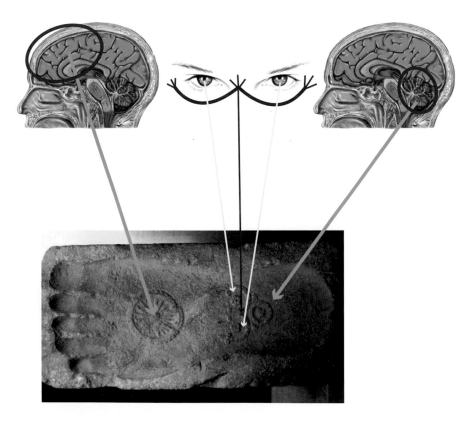

圖 3-3-14 各腦部、眼部和佛腳炁的相應

我們認為第三種腳圖案是修禪的代表，如果能夠修成，即是佛陀希望世人能做到的事，就是「見佛腳如見佛」的意思。這修煉我們稱為內在途徑，因為人體所產生的炁是不離身體的，有點像道家小周天的修煉。

圖 3-3-14 是第三種腳底圖案，我們認為它和腦部各部都有關。圖的千輻輪與前腦的炁有關，千輻輪下面有三株並蒂蓮和小輪，三株並蒂蓮和兩眼眶之下的炁脈（輪）是有關係的，而中間的蓮花朵是代表左右眼球的炁（軌），最下的小輪是和小腦的炁有關。

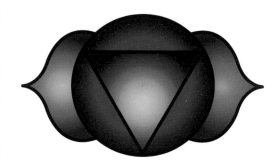

圖 3-3-15 瑜伽第六輪

最有趣的是，三株並蒂蓮圖案和瑜伽第六輪相似（圖 3-3-15），第六輪亦分兩瓣，而兩者同在頭部附近地方。

結論

我們這次佛腳圖案的討論，尤其是第三種圖案，和中國天台宗的通明觀（禪）有關，通明觀說息、色和心。腳底圖案的小輪和小腦有關，小腦控制息（有時大腦參議控制）；三株並蒂蓮和眼有關，就是色；最後，前大腦層和千輻輪有關，大腦層控管思維，那就是心。能用息、色和心修禪，雖然未必成佛，但亦可以延年益壽。

註：雖然腳底按摩在理論上和實踐和本文完全不一樣，但腳底按摩已證明大腦、小腦和眼睛與腳底是有直接關係的。（圖3-3-16）

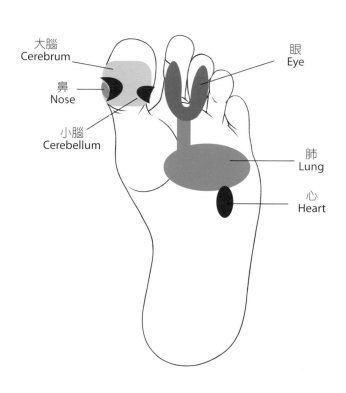

圖 3-3-16 局部腳部穴道反射

3-4 手印、咒與炁

　　人體是個生物電磁場，人體的結構有液水晶部分，人體的 DNA 又會產生光，它的神經系統及其他又可以傳電，它又似一個壓電換能器，又像一個諧振器等等。所以體外的因素都會影響人體的炁，正如聲音、味道、光、線（色彩）、景物和天地及各物的電磁場等等，所以中國古語「天人合一」是對的。

　　密宗有身姿勢（Asana）、咒語（Mantra）、手印（Mudra）和曼荼羅或壇城（Mandala）來振動身體的炁。道家有護身符、咒語和符號等；而中國佛家，用經文、咒語、佛像、音樂、鐘聲等來助炁的產生和炁的導引。最後，在某種功夫鍛鍊亦要用手印和咒語。

　　以前我們已經說過手印是像電制一樣，不同的電制（手印），可以開不同的燈。

　　註：《藏密氣功寶典》俸懷邦、劉小平：「手印像天線，人體像收音機。」

　　有人說無上瑜伽修煉，有一百零八個羅漢，所以有人說一百零八個羅漢就有一百零八種形式手印。有趣的是，手印亦可以治病，中國人對五行很注重，表3-4-1是五行和五手指和身體內部臟腑的關係。

　　手印可分單手或雙手，可以分掌或合掌，通常分手，很多是散炁的，我們注重炁和健康，所以我們注重合掌形的手印，但還要小心或向修煉有素者指導。

　　從以上的討論，手印是很重要的，普通人在用手印的時候不可以濫用的，尤其是修煉者用咒語時，要特別小心用手印。正如：

　　咒語「南無阿彌陀佛」最好用定印。（圖 3-4-1）

　　咒語「唵嘛呢叭咪吽」最適合用金剛大手印。（圖 3-4-2）

表 3-4-1 五行、五指與臟腑

五行	土	木	火	金	水
	↑	↑	↑	↑	↑
五臟	脾	肝	心	肺	腎
	↑	↑	↑	↑	↑
五腑	胃	膽	小腸	大腸	膀胱
	↑	↑	↑	↑	↑
五指	姆指	食指	中指	無名指	小指

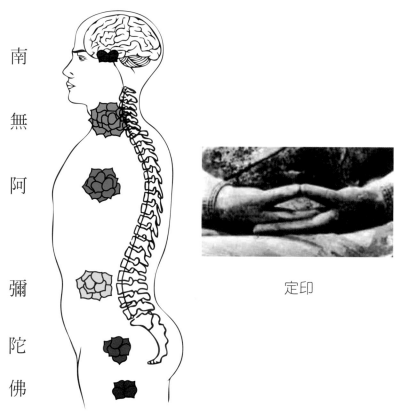

南無阿彌陀佛

定印

圖 3-4-1 南無阿彌陀佛與手印

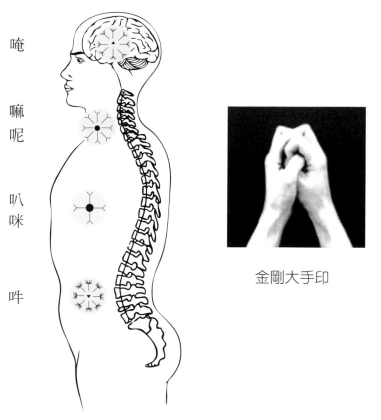

唵嘛呢叭咪吽

金剛大手印

圖 3-4-2 唵嘛呢叭咪吽與手印

3-5 南無阿彌陀佛與炁輪

　　南無阿彌陀佛，英語是 Namo Amitabha，是佛教的一種修行方法。到目前 Namo Amitabha 對這句佛號沒有完滿的解釋，如淨空老師曾說：「『南無』是恭敬禮拜的意思，亦是皈依的意思，所以佛教導我們念這一句佛號，就將世尊四十九年所說一切法都唸到了，一句也沒漏掉，在佛法裡可說是大總持法門。」

　　淨土宗有「南無阿彌陀佛」的意義一篇（www.pureland-buddhism.org/.../六字各號的意義.aspx），這篇對南無阿彌陀佛這一句作了簡釋。這篇說「南無」者即是「歸命」，「阿彌陀佛」者即是其「行」。所以這篇總結說：「稱念南無阿彌陀佛，即是歸命，即是信順，即是願生，即是具足往生功德，以此義故，必得往生。」

　　在佛學網（big5.xuefo.net）內提到「南無阿彌陀佛」的含義，說：「南無是歸向於禮敬於……之意。阿彌陀佛是一個『有無量功德的覺悟者』的名字……阿彌陀佛又稱阿彌陀如來。如同人有別稱一樣，阿彌陀佛供有十三個稱號，其中有十二種與『光』方面有關，前者總稱『無量光佛』，後者『稱無量壽佛』。」

　　最近，洪啟嵩在其書《密宗修行要旨》內說及成就中脈的方法，洪先生認為開始練習：從海底輪開始發出「南無阿彌陀佛」的佛號生一輪一輪增上，自然而然讓它上去。這不是可以開中脈嗎？這不是說中脈和南無阿彌陀佛有密切關係嗎？

　　以上所談的，不是聲光合一嗎？這句佛號不是可以振動身體的輪嗎？從以上討論，我們認為南、無、阿、彌、陀、佛是可以用六輪來代表（圖3-5-1）[註]，這真言不但可以開中脈，更可以開其他身體的脈，所以像持名念佛等，稱念「阿彌陀佛」的名號，口念清清楚楚，耳聽得了了分明，一心只念著佛號，是有其理的。

註：金剛咒唵阿吽，南懷瑾說唵（嗡）是頭音而吽是丹田音。

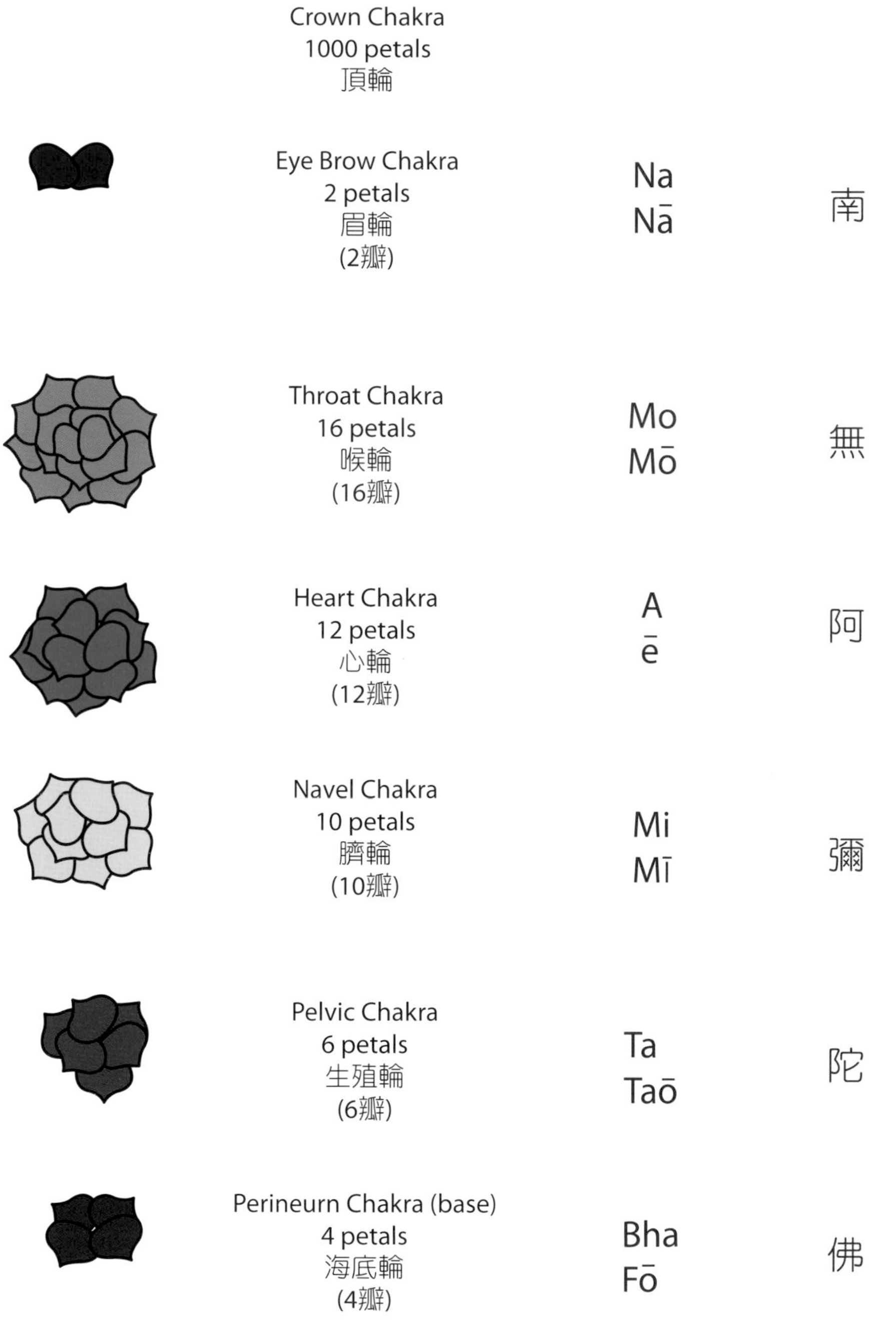

	Crown Chakra 1000 petals 頂輪		
	Eye Brow Chakra 2 petals 眉輪 (2瓣)	Na Nā	南
	Throat Chakra 16 petals 喉輪 (16瓣)	Mo Mō	無
	Heart Chakra 12 petals 心輪 (12瓣)	A ē	阿
	Navel Chakra 10 petals 臍輪 (10瓣)	Mi Mī	彌
	Pelvic Chakra 6 petals 生殖輪 (6瓣)	Ta Taō	陀
	Perineurn Chakra (base) 4 petals 海底輪 (4瓣)	Bha Fō	佛

圖 3-5-1 瑜伽昆達利尼六輪

3-6 唵（嗡）嘛呢叭咪吽與炁輪

唵嘛呢叭咪吽的英文是 Om Mani Padme Hum，唵（om）字是梵文的種子字，而六字真言四個音節的本義：

唵（om）——宇宙第一個音節。

嘛呢（Mani）——明珠，代表光明。

叭咪（Padme）——清淨無瑕的蓮花，代表潔淨。

吽（Hum）——真言的結尾。

已故南懷瑾大師在正念禪修學會講解「出入息法門」時曾說：「普賢金剛薩多的根本咒，只有三個字，三個音，是嗡（唵）、啊、哞，唵是頭部音，啊是胸部音，而哞是丹田音。」

張尚德在《六字大明咒》內說：「音是質，聲是量。以雷電為例，雷聲就是量，質就是可以發聲電的功能，二者都是從無火之炁、陰陽相合或相碰起用而產生的……，說到唵嘛呢叭咪吽的內涵，唵是整個的高空，最上層的淨炁與中間和下層的淨炁打成一片。中外往聖先賢，諸佛菩薩，都在此淨炁中……。淨炁，要整個的灌到自己的頭頂中央。」

李建軍在其《中軸》一書內又提及六字真言和身體分泌腺系統關係。

從以上和故南大師的討論，唵音和頭共鳴，吽與丹田共鳴，這都是音炁的振盪，而嘛呢是光明（頸部——見六大成就中的熱能成就），最後，叭咪蓮花（心部）。所以我們認為六字真言是密宗用來開拙火瑜伽中脈之用。圖 3-6-1 是六字真言和四輪的關係。

結論

所以六字真言是密宗開四輪的咒語，而南無阿彌陀佛是開昆達利尼六輪之用。

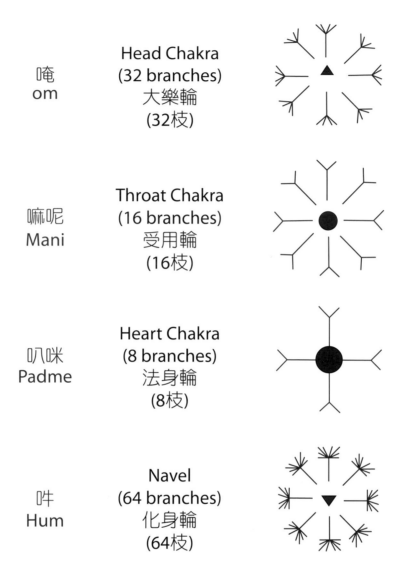

唵 om	Head Chakra (32 branches) 大樂輪 (32枝)
嘛呢 Mani	Throat Chakra (16 branches) 受用輪 (16枝)
叭咪 Padme	Heart Chakra (8 branches) 法身輪 (8枝)
吽 Hum	Navel (64 branches) 化身輪 (64枝)

圖 3-6-1 瑜伽拙火四輪

3-7 唵阿吽（金剛誦）與炁脈

金剛誦僅僅三字，但其意義很深奧，它們是印度梵文聲母的總綱，它們也叫種子字，它們是唵或嗡（Om），阿（Ah）和吽（Hum）。它們有各種代表，正如代表身口意，白紅藍等顏色，和法報化三身等等。

法隆阿闍黎認為這三字是一種特別的音符，它們可以振動我們身體內部炁脈，而又可以激發生命的潛能。他又說：「無上瑜伽密用頂輪代表身（『嗡』字），用喉輪代表語（『阿』字）和用心輪代表意（『吽』字）。

南懷瑾亦提及這三字，南大師亦認為這三字可以使人體內臟炁脈振動，而得到健康長壽的效果。他說：「『唵』字是頭部音，『阿』是胸部的音和『吽』是丹田音。」

在網上（woul-guidance.com）有說「唵（Om）」與頂輪有關，而「阿（Ah）」對喉輪和「吽（Hum）」對心輪有關係的。

有人認為人體自主神經系統（Autonomic Nervous System——ANS）是由交感神經系統（Sympathetic Nervous System——SNS），和副交感神經（Parasympathetic Nervous System——PNS）和腸神經系統（Enteric Nervous System——ENS）三系統組成的。而腸神經系統有人說是人體第二個腦（Second Brain）。我們認為第二個腦是太陽叢，再加一部分內臟神經（T5-T10，T11？T12？），一部分交感神經和一部分副交感神經組成的。

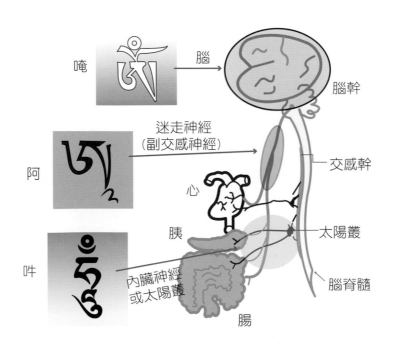

圖 3-7-1 金剛誦——與神經系統（身語意）

我們認為金剛誦的「唵阿吽」三字，「唵」可以振盪腦部，「阿」可以振盪迷走神經（副交感神經系統），而「吽」可以振開太陽叢和內藏神經等。圖 3-7-1 和圖 3-7-2 是我們對以上討論的圖解。

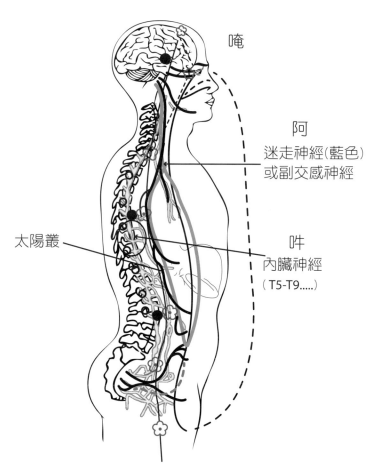

唵

阿
迷走神經(藍色)
或副交感神經

太陽叢

吽
內臟神經
（T5-T9.....）

圖 3-7-2 迷走神經和內臟神經

結論

　　從我們對南無阿彌陀佛，唵嘛呢叭咪吽和唵阿吽見解的三篇文章，我們認為這些咒，古代是用來振開脈與輪的；再者，咒再加手印其速度更快。以前我們在《佛（五方）與炁》一文，已提及手印，手印像電制一樣，不同的手印可以開不同頻率的炁（或場）或光。

　　我們著重健康，炁的修煉是為著健康和長壽，而遠離疾病之困擾。

3-8 水晶、人體與炁

　　天人合一的理論在中國已有兩千多年的歷史，而西方，大概在二十世紀中葉，洛夫洛克氏（Gaia Hypothesis）提出了蓋亞假說，簡單地說，蓋亞假說是指在生命與環境的相互作用之下，能使得地球適合生命持續的生存與發展。以上兩者，不是說生物和環境是同時進化或改變的，換句話說，無生命的物體（無機）可以影響有生命的物體（無機）。

　　A.有生命的——生物物理學家認為人體是由液體水晶構成，生物中有三種不同的液體水晶，它們是向列型液晶、近晶型液晶和膽甾型液晶，這些液晶和晶體有同樣的物理特性。

　　B.無生命的，如晶體——水晶和許多晶體都具有壓電性質，而且它們可以作電磁能量的共鳴器和變換器。

　　在未討論晶體和炁之前，我們先介紹量子力學裡的量子糾纏原理：「當兩個粒子在經過短暫時間比此耦合後，單獨攪擾其中任意一個粒子會不可避免地影響到另一個粒子的性質，儘管粒子與粒子之間的距離多遠。」在生物中，亦有同樣的現象，正如螞蟻后離開它的蟻群，這蟻群會繼續像原本的計劃去建築其蟻巢，一旦蟻后被殺死，蟻群建設的活動就會立刻停止。

　　數十年來，科學研究對脫氧核糖核酸（DNA）有許多的認識：

　　1.DNA 不但可以發光，亦可以攝取光線。

　　2.DNA 含有六角螺旋結晶性（液晶體的特色）。

　　3.DNA 的光和激光一樣是單色光。

　　4.DNA 有液晶體的性質。

　　5.DNA 還有其他的奇異性質，如電磁性質、感應（Telepathy）和隱形傳態（Teleportation）等等。

　　西門氏（Robert Simmons）寫了兩本關於能量和晶體的書，他認為：蓋亞（Gaia）是一種電磁性（光）的能場（Aura）圍繞或滲透整體……當晶體靠近人體能場（電磁場），兩種現象會發生：

　　1.由於共鳴的原理，人體和晶體場的共鳴，就會產生令一個更大的振動場。

　　2.晶體內如果含有其他礦物體，這些礦物體亦有它們自己的頻率，這些頻率可以和身體內同樣的礦物體共鳴。

　　從以上的討論，人體是有液晶結構，所以人體會受各種晶體的影響，產生共鳴和振盪的種種現象。今人注重用晶體作冥想和治病的媒介，我們著重用晶體做強身

健體之用。既然萬物都有炁（或電磁場），所以有機物和有機物或無機物和有機物都有共鳴和互惠的性質或作用。

近期，蘇聯科學家提出生命包含兩種物質，它們就是實質性物體和能量信訊物質（EI——Energy Informational），他們又說能量信訊物質是無所不在的。如果人體是有液體水晶的構造，那麼人體的能量信訊物質（EI）就可以和無機物，如水晶有感應作用，這能量信訊物質（EI）應該是炁嗎？無機與有機物的感應是晶體冥想和病療的理論和基礎。

隱形傳態（Teleportation）或隱形傳變態（Telemutation）——先父遺傳（Telegony）有其特別的意思，其原由有千年以上的歷史，亞里士多德（Aristotle）時已出現這種傳說，這種先父遺傳受到歷代的指責和批評，對於隱形傳態知道的人更少。最近歐洲科學家已證明 DNA 有隱形傳態的功能，這種功能可以影響人體外部和內部，外來有機或無機物（炁）都有影響人體的功能。

1.有機與有機物質之間能量和信息（炁）的轉移

（1）外在表現形式的一例

十年前，我們有一位年輕婦人在第一懷孕期，她要到東南亞旅行，我們囑咐她不要看猩猩類的動物，可惜她不聽，還故意到動物園看，後來女兒出生，女嬰前額長了一大塊黑痣，四肢亦有，黑痣上亦長了很多動物似的粗毛，兒童醫生要花一年半的時間才將黑痣美容化切除。

（2）內在表現形式的一例

如果炁可以影響生命長壽期，那麼在人口密度高的城市，人與人之間有強的炁場交流，那麼人們平均壽命會提高的。當然，這些城市要有好的經濟和公共衛生等等。

從表 3-8-1，我們可以看到城市人口密度高，如一平方公里超過六千人，人的壽命便會延長三至五年以上，練炁有素的修煉者不在這些統計內。在《悟真篇》內有說：

「未煉還丹莫入山，山中內外盡非鉛，此般至寶家家有，自是時人識不全。」

以上一段，不是以人口密度有異曲同工之感嗎？

表 3-8-1 長壽與地區（Locality and Longevity）

城市 City	人口密度（Sq／Km） Population per Sq.Km	預測壽命 Life Expectancy
澳門 Macau	18942	84.48
摩納哥 Monaco	18790	89.57
新加坡 Singapore	7589	84.38
香港 Hong Kong	6814	82.78

Note：Data.worldbank.org

2.無機物對有機物的炁的影響——無機物，如晶體會影響人體的炁，這是因為人體的組成有大量液晶的成份。晶體可影響人體的三脈七輪，亦可以影響人體炁的內在和外在途徑，以下我們介紹四種對人體健康最有用的晶體，其中以極光水晶 23 為最。

（1）阿寶斯特萊石（Azuzulite）

這種石晶體，西門氏認為是一種能改變七輪的炁，這晶石對心輪和頂輪的反應很高（圖 3-8-1）。

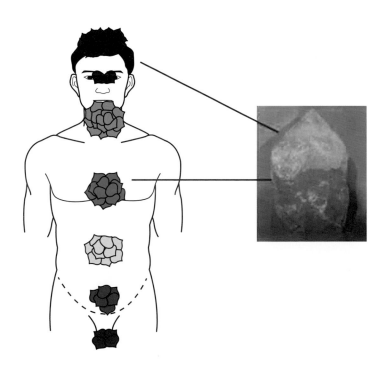

圖 3-8-1 阿賽斯特萊石和輪

140

（2）水晶

圖 3-8-2 是透明的無色水晶，這種水晶可以影響人體七輪的炁。

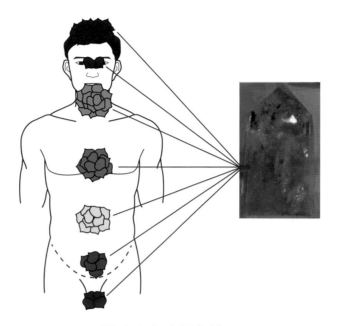

圖 3-8-2 水晶和輪

（3）林伽石

　　林伽石是一種隱晶質石英，所以它不是純正有系統的水晶，它是由許多細小的石英組成，每個細小的石英的方向不同，圖 3-8-3 是林伽石和人炁場的感應途徑，林伽石可以影響中脈和人體表面炁場，以上兩者的炁是不連貫的。

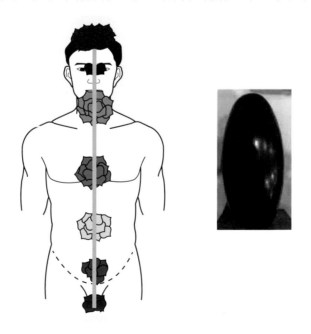

圖 3-8-3 林伽石和脈

（4）極光水晶 23

Ashley Leavy 女士在她的書《Auralite——23》對極光水晶作了很詳細的介紹。在我們的研究中，我們認為極光水晶有很強的炁場，它可以影響修行者的脈和輪，又會影響我們炁的外在和內在途徑（圖 3-8-4），這水晶應對個人健康有許多益處。

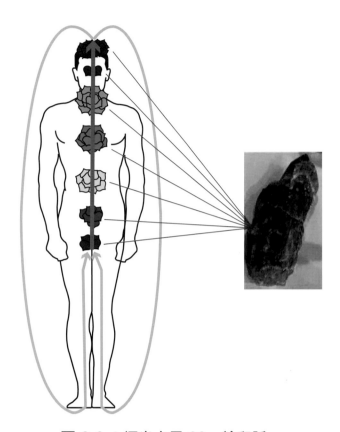

圖 3-8-4 極光水晶 23、輪和脈

3-9 水晶與咒語

　　人體充滿炁，但每一個人受環境和其他影響因素不同，所以各人的炁在身內的分布都不同。體內的炁可以受動靜因素的影響，動的如呼吸或太極氣功的導引，靜的如打坐，坐禪或晶體的共振。

　　我們研究炁與健康，我們又著重於用手印、咒語和晶體作冥想的輔助，咒語可以引動炁的振盪和轉向。我們認為咒語不但可以引起炁的振動，而亦可以引動炁在體內轉移，所以咒語是炁動的主要因素。至於手印或晶體，它們將炁聚在某輪脈位置為主，所以它們對炁來說是一種靜態的引導。

　　咒語通常是由元音（或母音）和子音（或輔音）組成的，咒語又可以朗誦或默讀，亦可以快或慢來念和讀，又能連續或間斷唸或頌。無論是瑜伽、佛道、儒和釋等等，都有其獨特的咒語或頌經。咒語如音密有正面作用，亦有其負面。正面是打開炁脈，負面是讓炁脈堵塞，俗語說「走火入魔」，所以咒語對不懂炁脈的人，不能隨意運用。

　　通常晶體是一種共振體，例如水晶，其特質是能使身體的經絡（炁）和腦電波產生共鳴，我們的研究，大部分晶體都會影響腦部，所以晶體對有緣者，像法器一

炁向外(不在中脈或在輪)

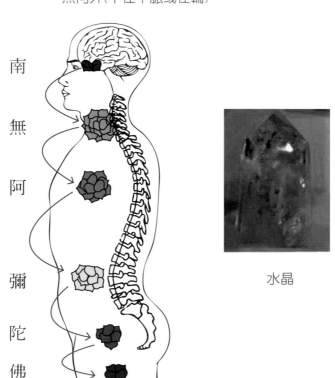

水晶

圖 3-9-1 水晶與咒語

143

樣可使人身心健康，不適當的人，像魔器一樣，使人從著迷而轉為著魔，而不能自拔。

在我們研究結果，如果靜坐而用咒語和手印的話，我們找到兩個好的例子：定印和南無阿彌陀佛。

1.水晶

如果用水晶的話（圖 3-9-1），炁只能停留在輪內，如果由一個輪到另外一個輪，炁要外向，然後才能到另一個輪，不能在中脈內從一個輪到另一個輪。

2.極光水晶 23（Auralite 23）

這極光水晶與人的輪脈共鳴極強（圖 3-9-2），炁可以從一個輪沿中脈到另一個輪。

結論

中脈是成仙成佛的途徑，有人說中軸是健康的主幹，中軸應該就是中脈，能開通中脈，應是健康長壽之本，比督脈更重要。

炁在中脈和輪

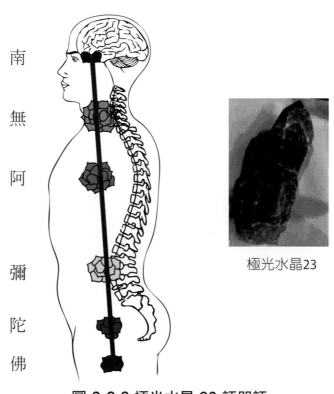

南無阿彌陀佛

極光水晶23

圖 3-9-2 極光水晶 23 語咒語

樣可使人身心健康，不適當的人，像魔器一樣，使人從著迷而轉為著魔，而不能自拔。

3-10 佛和尊者、舍利與炁

佛以定學和慧學為主，道家以定學而結丹，佛學練炁以頭（腦）和中脈做重心，又以有無為基本，而道家以任督為中心，又以煉精化炁及練炁化神，由炁變液體到最後成丹（固體）。道家比較著重身體，而佛學有捨己為人的精神。道家對醫學救人為目標，而佛學以渡人行善為本。我們認為道家著重健康和長壽，而佛家對這方面比較忽略。

道家的傳統比較單獨，而修行是一種苦練，所以不受大眾歡迎，這是佛教比較興起的原因嗎？

佛教修煉，除咒語、手印外，還用其他方法如密宗用曼荼羅圖案而傳統又供奉舍利。以前我們已經討論過舍利和炁等等，前時我們的研究是用泰國僧人的真正舍利子。

最近閱讀陳曉東先生所寫的《神奇舍利子》內說：

「舍利子含有某種特殊的能量。修行次第較高的人，走近高僧的舍利塔，或靠近舍利子，就能有所感應；感覺較敏銳的人，靜下心來，對舍利子也可有一定的體察。你若有機會得到舍利子，從世俗的層面上來說，它源源不斷釋放出來的能量，對調節人體健康有一定的或明顯或不明顯的作用；從法界的影響來說，它可為你趨福避邪，尤其對驅除鬼魅邪靈可能帶給你的危害，作用更顯著一些。」

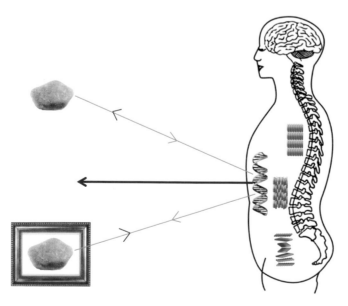

圖 3-10-1 量子糾纏原理虛構圖

我們以前在〈水晶、人體與炁〉一文中，已討論過量子糾纏的理論，因為人體含有液體水晶，而人體的 DNA 又可以發出激光，所以量子糾纏的現象會在人體產生（圖 3-10-1），尤其是對修煉有素的炁修行者，其體內的液水晶體含量更高，而他的 DNA 發光能量更強，所以他身體的感應和共鳴能力自然會比常人多出無數倍。

　　以前我們在〈舍利與炁〉一文中，已證明舍利子實物能直接影響人體的炁場和脈，人體又因為含有液水晶和激光，一幅舍利子的畫，因為量子糾纏的原理，可以引導人體和實物共鳴或感應而在體內產有規律的炁脈或局部的炁場。

　　我們做了一個基本實驗，先和實物接觸，然後遠離實物數百里，其人體受炁的感應是一樣的。

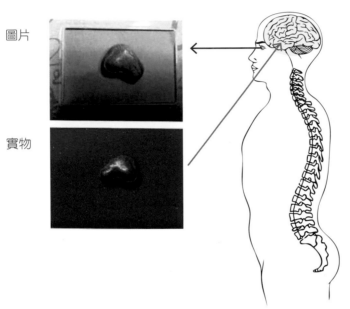

圖 3-10-2 炁的感應圖片和實物

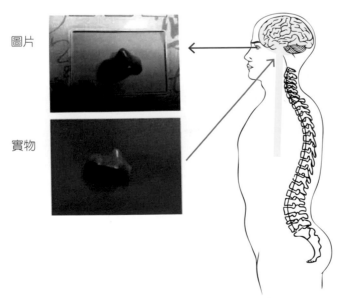

圖 3-10-3 炁的感應圖片和實物

圖 3-10-2 和圖 3-10-3 是兩枚舍利子，我們只看圖畫內或相架的舍利子圖，不到數秒鐘，在體內炁的分布與拿實物在手炁的散布一樣，兩者距離數百里，其炁的感應亦不減。

　　前時，在一個偶然的機會看到兩幅佛舍利子的圖片，一是釋迦牟尼的頂骨舍利（圖 3-10-4），另一是緬甸蒲甘最靈驗之寶塔——瑞西貢寶塔供奉的佛舍利（圖 3-10-5）。當時看到這兩幅舍利圖片一會，身體發生了很奇異的感應，釋迦牟尼舍利，將頭頂的炁拉扯上去，而緬甸舍利寶塔，使身體的炁放開，有喜悅和平靜的感覺，奇妙得很。

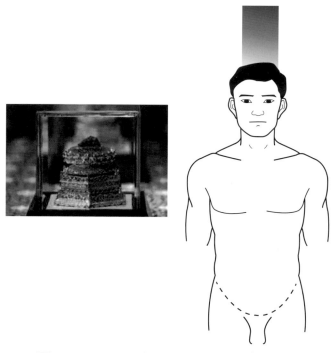

圖 3-10-4 頂骨舍利和炁的反應（人體）

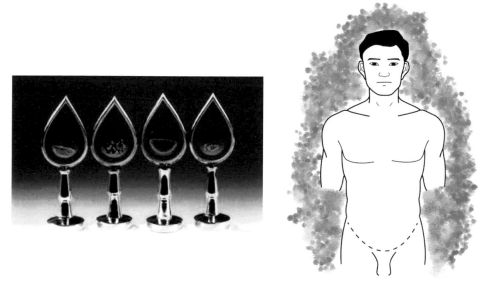

圖 3-10-5 緬甸舍利和人體炁的感應

最近在網上看見舍利子網站
（在線朝禮佛舍利），裡面見到
佛和許多羅漢舍利的圖片（siz.
goodweb.cn），這些羅漢有各
種名稱，如天眼、說法、密行等
等。在好奇心下，看著舍利圖
片，與舍利共鳴和感應，在我們
意料之外，得到下列不同祇的感
應：（圖 3-10-6 到圖 3-10-21）

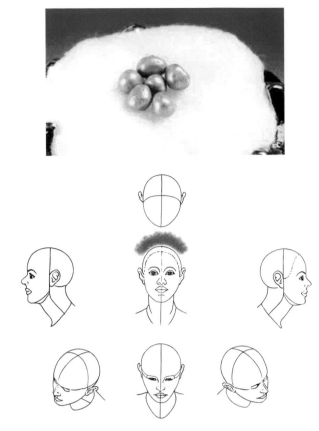

圖 3-10-6 辟支佛舍利 Arahant Bi Zhi Fo Shrine

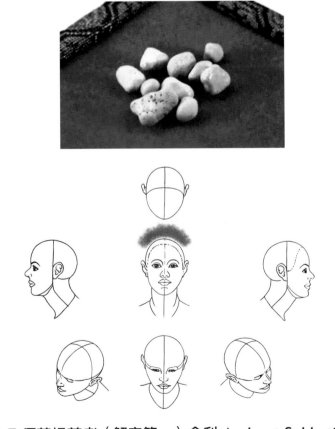

圖 3-10-7 須菩提尊者（解空第一）舍利 Arahant Subhuti Shrine

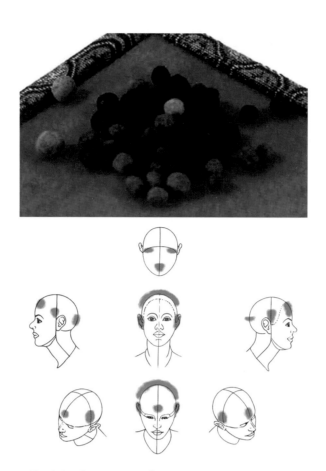

圖 3-10-8 摩珂目犍蓮尊者（神通第一）舍利 Arahant Mahomaudgalyona Shrine

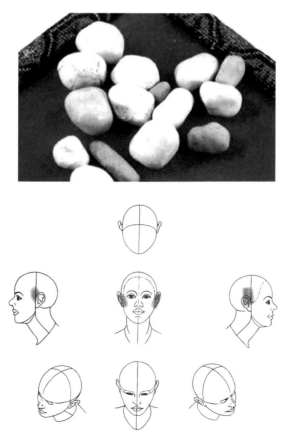

圖 3-10-9 阿難陀尊者（多聞第一）舍利 Arahant Ananda Shrine

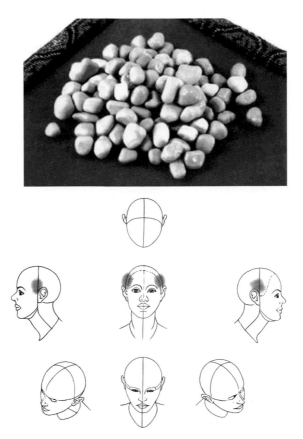

圖 3-10-10 舍利佛尊者（智慧第一）舍利 Arahant Sariptra Shrine

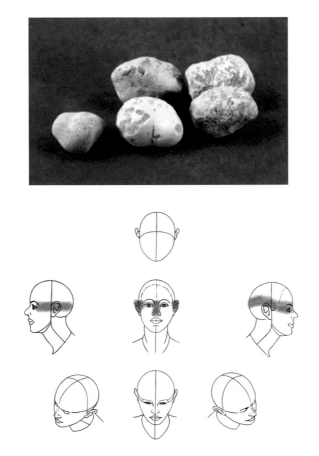

圖 3-10-11 阿那律尊者（天眼第一）舍利　Arahant Aniruddha Shrine

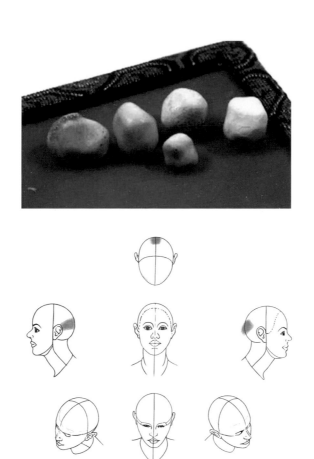

圖 3-10-12 那迦犀那（那先比丘）尊者舍利　Arahant Nagasena Shrine

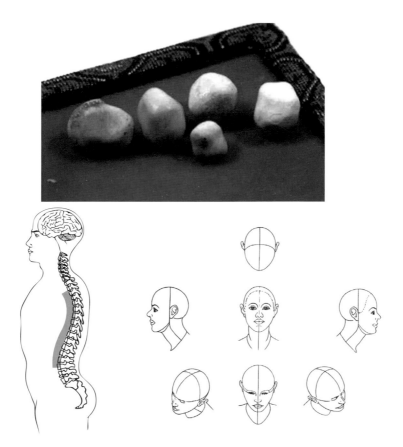

圖 3-10-13 薄拘羅尊者（壽命第一）舍利　Arahant Bakula Shrine

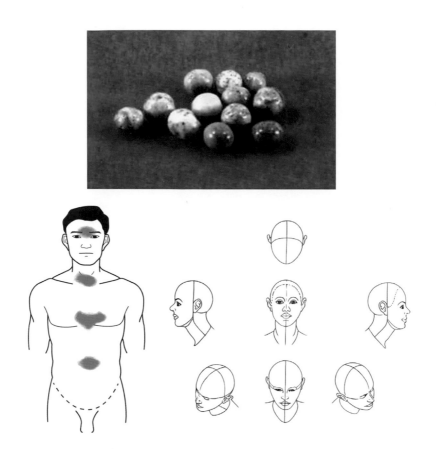

圖 3-10-14 羅睺羅尊者（密行第一）舍利 Arahant Rahula Shrine

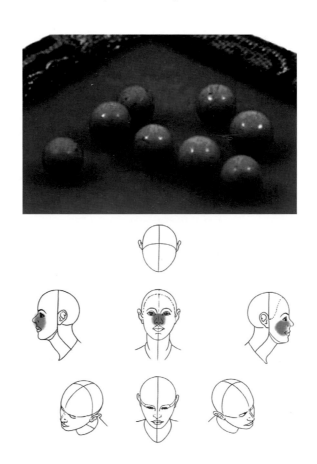

圖 3-10-15 富樓那尊者（說法第一）舍利 Arahant Purnamai trayaniputra Shrine

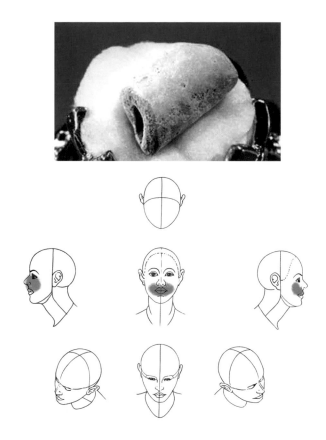

圖 3-10-16 富樓那尊者舍利（說法第一） Arahant Punna Shrine

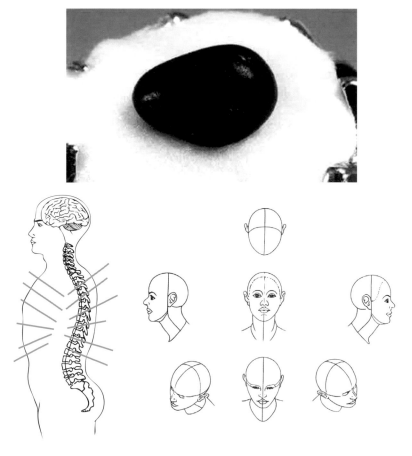

圖 3-10-17 鴦哥摩羅尊者舍利（九百九十九只手尊者舍利） Shin Ann Gu Lemarla Shrine

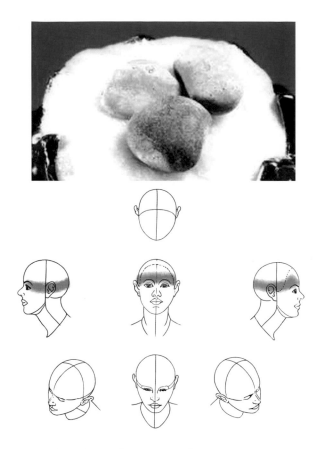

圖 3-10-18 阿那律尊者舍利（天眼第一） Arahant Anuruddha Shrine

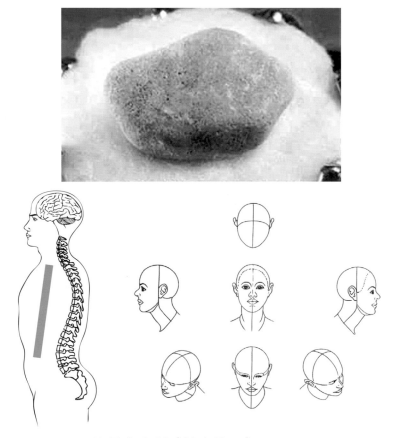

圖 3-10-19 巴古拉尊者舍利（健康第一） Arahant Bakula Shrine

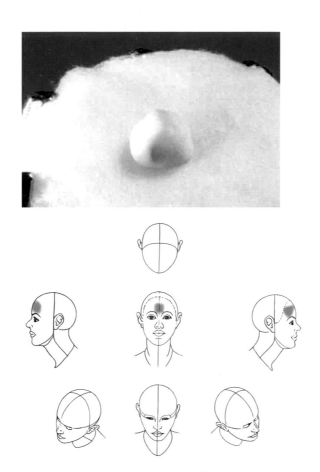

圖 3-10-20 跋提利迦尊者舍利（五大比丘之一） Arahant But De Lee Jia Shrine

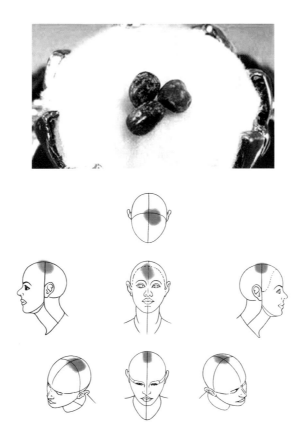

圖 3-10-21 喬陳如尊者舍利（五大比丘之一）（證果第一）Arahant Kondanna Shrine

155

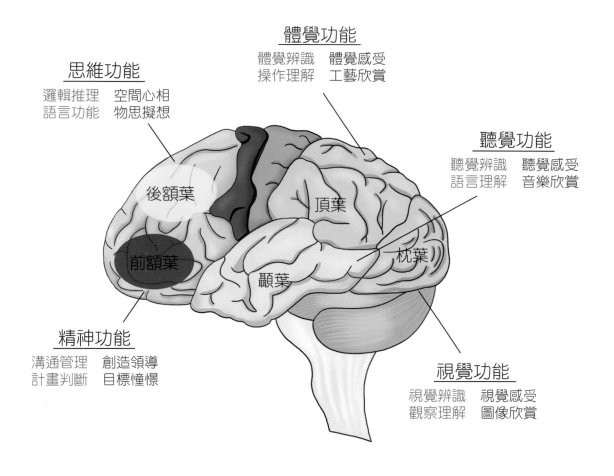

思維功能
邏輯推理　空間心相
語言功能　物思擬想

體覺功能
體覺辨識　體覺感受
操作理解　工藝欣賞

聽覺功能
聽覺辨識　聽覺感受
語言理解　音樂欣賞

後額葉

頂葉

前額葉

枕葉

顳葉

精神功能
溝通管理　創造領導
計畫判斷　目標憧憬

視覺功能
視覺辨識　視覺感受
觀察理解　圖像欣賞

藍字為左腦數據
紅字為右腦數據

圖 3-10-22 腦部各功能圖

圖 3-10-22 是腦部各部功能，我們可以看到：

1. 阿難陀尊者（多聞）舍利：炁與腦顳葉有關，顳葉有聽覺的功能。（圖 3-10-9）
2. 舍利弗尊者（智慧第一）舍利：炁和頂葉有關，頂葉有智慧的功能。（圖 3-10-10）
3. 阿那律尊者（天眼第一）舍利：炁和腦眼神經和枕葉有關，枕葉有視覺的功能。（圖 3-10-11）
4. 薄拘羅尊者（壽命第一）舍利：這裡炁和交感幹有關，練交感幹可以令人長壽。（圖 3-10-13）
5. 鴦哥摩羅尊者（九百九十九只手尊者）舍利：在這裡，炁將手一樣伸出身體。（圖 3-10-17）
6. 巴古拉尊者（健康第一）舍利：炁在這裡和迷走神經有關，練這脈的炁可以得到健康。（圖 3-10-19）

從上面的討論，舍利子的圖的確可以助人修煉，而如某一種舍利子圖可以影響人體某一部分。以上討論的舍利子影響腦部各種智慧為多，但如巴古拉尊者舍利和薄拘羅尊者舍利卻可以輔助健康或長壽，當然每個人體質和感應不同，所以效果便會有很大的差別。

結論

古人靈修或信仰，因此炁的奧祕，出現了現在科學還不能解釋的神祕，學者或科學家沒有去實踐或研究，就不應否認炁的存在和奧祕，不應說古人的智慧是迷信，舍利子是一個例子，是炁的修煉成果，舍利子有晶體的結構，又含有不可思議的原能，所以像量子糾纏原理一樣見圖舍利如見真舍利。密宗供奉曼荼羅圖案，不是有異曲同工之感嗎？

修煉與學術，是行與知，要知行合一才可以真正探討人生的真諦。願同好共勉和批評。

瑜道佛〔貳〕

定價：350元

作　　者：黃思賢（Shi-Yin Wong）
校　　對：黃思賢、吳適意
繪　　圖：柯麗卿
專案主編：吳適意
特約設計：賴紋儀
出版經紀：徐錦淳、林榮威、吳適意、林孟侃、陳逸儒、蔡晴如
設計創意：張禮南、何佳誼
經銷推廣：李莉吟、何思頓、莊博亞、劉育姍
行銷企劃：黃姿虹、黃麗穎、劉承薇、莊淑靜
營運管理：張輝潭、林金郎、曾千熏
發 行 人：張輝潭
出版發行：白象文化事業有限公司
　　　　　402台中市南區美村路二段392號
　　　　　出版、購書專線：（04）2265-2939
　　　　　傳真：（04）2265-1171
印　　刷：基盛印刷工場
版　　次：2015年（民104）十二月初版一刷

白象文化 — 印書小舖

設計編印

電　網

郵　址：www.ElephantWhite.com.tw
郵　址：press.store@msa.hinet.net

國 家 圖 書 館 出 版 品 預 行 編 目 資 料

瑜道佛（貳）/ 黃思賢著. -- 初版. --
臺中市：白象文化, 民104.12　面；　公分

ISBN 978-986-358-225-0 (平裝). --
ISBN 978-986-358-226-7 (精裝)

1.道教修煉 2.氣功 3.瑜伽
235　　　　　　　　　　　104015498